Erdnuss

Rita Henss

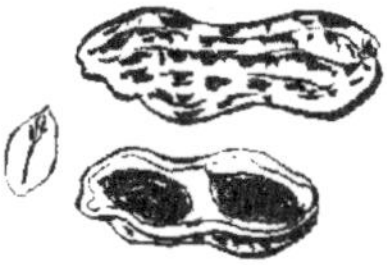

Mit Illustrationen von
Linda Wolfsgruber

mandelbaums *kleine gourmandisen*
N° 29

www.mandelbaum.at
ISBN 978-3-85476-865-4

1. Auflage 2020
Lektorat: Inge Fasan
Satz und Umschlaggestaltung: Michael Baiculescu
Illustrationen: Linda Wolfsgruber
Druck: Interpress, Budapest

CHARLIE BROWN, DAS BAUHAUS UND DIE INKAS

Peanuts! Wer kennt sie nicht, die drolligen, von Charles M. Schulz gezeichneten Knubbel-Winzlinge mit den Namen Charlie Brown, Lucy, Linus, Schroeder, Sally oder Peppermint Patty, deren Comic-Strip-Karriere schon Ende der 1940er-Jahre in den US-amerikanischen Zeitungen begann? Aber wussten Sie, dass im englischen Sprachgebrauch bereits hundert Jahre zuvor das Wort *peanuts* als Synonym für etwas Kleines, Armseliges, Geringfügiges geläufig war? „If you pay peanuts, you only get monkeys", lautet dort auch eine weit verbreitete Weisheit: Wenn du schlecht bezahlst, bekommst du nur „Affen", also schlechte Arbeiter.

Dank eines „Rekordarbeiters" indes machte die Erdnuss im zeitgenössischen London von sich reden: 11 Kilometer weit kroch Mark McGowan im Jahr 2003 durch die Themse-Stadt und rollte dabei eine Erdnuss mit der Nase vor sich her – bis zur Downing Street. Mit seinem zweiwöchigen Einsatz protestierte der Aktionskünstler und Kunststudent für die Senkung der Studiengebühren. Mit einer einzigen *peanut* schaffte er die Mammut-Tour allerdings nicht: 13 Kerne habe er verbraucht, sagte McGowan im Interview: „Ein paar haben sich einfach abgenutzt. Eine ist in ein Loch gefallen, eine ist unter ein Auto gerollt, und auf eine ist jemand getreten."

Aber wie steht es sonst um die Erdnuss? Wo hat sie erstmals Wurzeln geschlagen? Auf welchen Wegen wanderte sie durch die Welt? Was sagen Ernährungswissenschaftler und Mediziner zu dieser „Nuss", die gar keine ist, aber auch in unseren Breitengraden als Bar-Snack und Kino-Knabberei schon lange zum Alltag gehört, bei den Inka als Grabbeigabe verbrieft ist und heute in vielen Ländern der Welt eine wichtige Rolle bei der Ernährung spielt? Auf all diese Fragen möchte ich Ihnen in diesem Büchlein Antwort geben. Und überdies davon erzählen, dass sich nicht nur Comic-Zeichner, sondern auch Künstler anderer Sparten von der – inzwischen vielerorts unter fairen Bedingungen und in Bio-Qualität angebauten – *Arachis hypogaea* inspirieren ließen. Dass sich sogar im hohem Norden Europas Legenden um sie ranken und sie auch in der Kantine des Bauhauses Weimar auf dem Speisezettel stand.

Selbstverständlich habe ich auch Rezepte aus verschiedenen Kulturen rund um die Erdnuss gesammelt. Viel Freude also bei der Lektüre und beim Genuss.

MANBA AUS MONKEY NUTS

Ausgerechnet Tunesien! Niemals hätte ich dieses Land mit der Erdnuss in Verbindung gebracht. Daher war mein erster Gedanke, als ich die Gläschen mit der Aufschrift *beurre de cacahuète* in einer kleinen Épicerie fine am Rand der Landesmetropole entdeckte: Import. Aber Omar, der junge Inhaber des „Cacciola"-Lädchens in Le Kram schüttelte lächelnd den Kopf. Nein, alle, wirklich alle Produkte in den Regalen stammten aus seiner Heimat, versicherte er mir. Es gebe in den verschiedenen Regionen Tunesiens mehrere Produzenten von Erdnussbutter; meist arbeiteten sie auf handwerklicher Basis und nach individueller Rezeptur. Sein Lieferant beispielsweise, so Omar, füge der Butter keinen Zucker zu, sondern süße mit einheimischem Dattelsirup.

Fedy Kammoun hingegen bietet inzwischen gleich vier Varianten seiner *beurre de cacahuète* an: klassisch, light, mit Schokostückchen sowie mit Zimt und Rosinen. Der Absolvent der *Tunis Business School* reiste 2016 mit einem Stipendium nach Brasilien, um sich dort über das Thema Erdnuss(butter) schlau zu machen. Seine Firma verarbeitet heute Erdnüsse aus tunesischem Anbau (etwa vom Cap Bon) sowie aus Ägypten. Und schon längst gehen die Bestellungen nicht mehr nur per Telefon oder Facebook ein, wie anfangs in den kleinen Verkaufsstellen von Tunis und Sfax. Denn auch im Supermarkt ist der beliebte Aufstrich seit einiger Zeit erhältlich.

Amerikanische Verhältnisse im Norden Afrikas? Nun, ob die *beurre d'arachide,* wie sie auch genannt wird, in den Maghreb-Staaten einen ähnlichen Status erlangt wie die *peanut butter* in der Neuen Welt, sei dahingestellt. Und falls ja, wird es sicher Jahrzehnte dauern. Immerhin war in den USA und in Kanada schon in den 1880er-Jahren die erste Erdnussbutter auf dem Markt. Zudem avancierte ein Erdnussfarmer 1977 sogar zum US-Präsidenten. Und am 24. Januar eines jeden Jahres feiert das Land seinen *National Peanut Butter Day.*

In Indonesien, Vietnam, Thailand und sogar Kuba scheint hingegen jeder Tag im Zeichen der Erdnuss zu stehen. Oder zumindest jeder zweite. Jedenfalls fand ich während meiner Aufenthalte dort immer wieder knackige Stückchen von ihr in den lokalen Speisen. Oder begegnete zumindest ihrem typischen Aroma. Sei es bei den *maniseros* auf den Straßen von Havanna, Cienfuegos oder Trinidad, die die Erdnüsse als Naschwerk verkauften. Bei der Zubereitung von Papayasalat, Fishcakes, Hühnercurry während eines Kochkurses auf einer Farm in der Nähe von Chiang Mai. Auch am Strand von Phú Quôc, wo Bärenkrebse und Langusten mit süßscharfer Chilisauce und gehackten Erdnüssen bestrichen waren, und aus der Suppenschale auf dem Markt von Chiang Mai stieg es mir in die Nase.

„Hot", warnte mich die Standköchin unter ihrem blauen Zeltdach, als sie mir ihre kulinarische Kreation überreichte. Leider dachte ich bei dem Wort nur an die Temperatur, die freilich ebenso rasch abnahm wie die

Menge der Suppe. Genüsslich löffelte ich die schmackhafte Flüssigkeit. Für den letzten Rest setzte ich die Schale an meine Lippen. Ein herzhafter Schluck – und Tränen schossen mir aus den Augen. „Hot!" Jetzt ging mir der Doppelsinn dieser Vokabel auf. Höllenscharf brannte es in meinem Mund. Schon sprang ich auf, um rasch ein eiskaltes Bier zu organisieren – da sah ich den winkenden Arm der Suppenköchin. Mit meiner leeren Schale sauste ich zu ihr, machte die Geste des Trinkens. Doch die zierliche Dame schüttelte energisch den Kopf, nahm mir die Schale aus der Hand und füllte sie mit trockenem Reis. „Eat!", befahl sie resolut. „No drink!" Ich gehorchte. Und tatsächlich ebbten schon nach wenigen Bissen die Flammen auf meiner Zunge und an meinem Gaumen ab. Also alles *peanuts*, will sagen: halb so wild. Aber seither weiß ich auch: Erdnüsse mögen vieles können, gegen das Feuer von Chilischoten kommen sie jedoch niemals an.

Affenhände bilden für Erdnüsse ein weiteres Problem. Oder besser gesagt: für jene Menschen, die in Sambia, etwa auf der Terrasse ihres von hohen Bäumen umgebenen Hotels nahe der Victoria-Fälle ein Schälchen *groundnuts (*so heißen die *peanuts* vielerorts in Subsahara- und Südafrika) auf dem Tisch stehen lassen. Schwupp, kommt der haarige Gefährte von Ast zu Ast angeschwungen und schnappt sich die Knabber-Köstlichkeit. Aber zum Glück sind Erdnüsse auch fester Bestandteil der sambischen Küche – und so komme ich wenige Tage später zum Dinner in den Genuss von *Ifisashi:* Spinat mit gemörserten *groundnuts.* Ganz nebenbei erfahre ich an diesem Abend auch noch, dass diese nach Mais die am meisten angebaute Ackerfrucht des Landes sind. Und lerne einen weiteren afrikanischen Namen für die allseits beliebte Erdnuss. Er lautet: *monkey nut.*

„Récolter que des cacahuètes", sagt man dagegen auf Haiti, wenn es darum geht, dass etwas nichts (ein)bringt,

d.h. nur von geringem Nutzen ist. Tatsächlich produzierte der arme, immer wieder von Erdbeben und Hurrikanen gebeutelte Inselstaat jedoch 2017 rund 40.000 Tonnen Erdnüsse. Kein Wunder, dass ich *Manba* (Erdnussbutter) schon vor vielen Jahren als wichtigen Bestandteil der haitianischen Küche kennenlernte – am liebsten in der Variante „äußerst pikant" *(épicé),* also mit Chili angereichert. Seit 2015 wird Manba auch in Kanada produziert, mit haitianischen Erdnüssen als Basis. Und die im Jahr 2014 mit der Auszeichnung *Ethical Humanist of the Year* bedachte US-amerikanische Kinderärztin Patricia Wolff setzte nach der Jahrtausendwende ebenso auf die *cacahuètes* des Inselstaates. Sie war immer wieder zu Hilfseinsätzen vor Ort, sah dort unendlich viele abgemagerte Kinder, die ohne Hilfe gestorben wären. Von einem Kollegen aus Malawi erfuhr Wolff, dass in Afrika unterernährte Kinder mit Erdnusspasten gerettet werden konnten. Sie entwickelte daraufhin auch für Haiti ein Produkt, das neben Erdnüssen zusätzliche Vitamine und Mineralien enthält und gründete in der Nähe von Cap Haitien eine eigene Firma. Mit der dort hergestellten, portionsweise in Tütchen abgepackten Erdnusspaste, die 500 Kalorien pro Einheit liefert, konnten schon in den ersten drei Jahren nach Gründung des Unternehmens fast 200.000 Kinder vor dem Hungertod bewahrt werden; bis heute sind es knapp doppelt so viele. Mehr als sechzig Arbeitsplätze wurden zudem durch das Unternehmen in Cap Haitien geschaffen und fast 2500 Erdnussfarmer geschult. „Que des cacahuètes?" – Bloß *peanuts*? Keineswegs!

DATEN UND FAKTEN

Ihren Ursprung hat die Erdnuss vermutlich in der Andenregion, denn 2007 entdeckten Archäologen im Fußboden eines Hauses in Peru Exemplare, die sie auf ein Alter von fast 8000 Jahren datierten. Das Volk der Inka, deren rituelles, administratives und kulturelles Zentrum Qusqu (heute: Cusco) war, nannte die Hülsenfrucht *mani* – und legte sie den Verstorbenen als Grabbeigabe in die Totenkammern. Zudem schmückte sie als Malerei bereits Keramiken der Vor-Inka-Zeit.

Auch in anderen Teilen Süd- und Mesoamerikas finden sich frühe Zeugnisse der Erdnuss. Unter dem Namen *tlalcacáhuatl* (wörtlich: Kakaobohne der Erde), der sich im spanischen *cacahuete* ebenso wiederfindet wie im französischen *cacah(o)uète,* wurde sie zum Beispiel auf den Märkten der Azteken-Metropole Tenochtitlán gehandelt, wo Hernán Cortez sie kennenlernte. Und der junge Franzose Jean de Léry notiert nach seinem Aufenthalt in der Nähe von Rio de Janeiro in den Jahren 1557/1558: „Die Eingeborenen (dort) haben eine Art Früchte, die sie *manobi* nennen und welche wie Trüffeln in der Erde wachsen."

Entdecker, Eroberer und Sklavenhändler sorgten dafür, dass die Erdnuss bald schon den Atlantischen Ozean überquerte. Via Brasilien gelangte sie unter anderem nach Afrika, reiste mit den Portugiesen aber auch nach Indien (wo sie heute u.a. den Namen *mungfali* trägt) und über Macau nach China. Die Spanier brachten *el cacahuete* bis auf die Philippinen. Zu den nördlichsten natürlichen Verbreitungsgebieten der Erdnuss zählte neben Mexiko auch das bereits erwähnte Haiti, wo angeblich Christoph Kolumbus ihre Bekanntschaft machte. Und unter der Bezeichnung *pinda* ist sie spätestens Ende des 17. Jahrhunderts auch in Surinam verbrieft.

Anfang des 19. Jahrhunderts kultivierte man *Arachis hypogaea* allmählich auch in den Südstaaten der USA. Allerdings galten Erdnüsse damals in den Augen vieler als Lebensmittel der Armen oder sogar nur als Schweinefutter. Zudem war der Erdnussanbau recht arbeitsintensiv, da mechanische Erntemaschinen erst gegen 1900 erfunden wurden. George Washington Carver, Botaniker und Pionier auf dem Gebiet der Agrochemie, beschwor jedoch schon ab 1892, als der Baumwollkäfer begann, von Mexiko nach Nordosten zu wandern und ein *cotton field* nach dem anderen verwüstete, die Farmer: „Brennt die befallenen Felder nieder und pflanzt dafür Erdnüsse an!"

Mittels eines besonderen „Nachrichtenblatts" von zwanzig Morgen Größe – seiner Institutsfarm in Alabama – versuchte der einst als Sklave geborene Wissenschaftler, die Baumwollpflanzer vom vielfältigen Nutzen des Erdnussanbaus zu überzeugen und ihnen beizubringen, den vom Baumwollanbau ausgemergelten Böden durch Fruchtwechsel neue, ertragreichere Ernten zu entlocken. Doch es brauchte eine lange Zeit, um die Zweifel der Zeitgenossen auszuräumen.

Aber Carver ließ nichts unversucht. So lud der Forscher eines Tages über sein Institut einflussreiche Geschäftsleute aus Macon County zu einem großen Festbankett ein. Es gab Suppe, falsches Hühnchen, Gemüsepüree, Brot, Salat, Eis, Süßigkeiten und Kleingebäck – und alle Gerichte waren aus Erdnüssen hergestellt, sogar der abschließende Kaffee. Die Gäste dachten bei Carvers „Enthüllung" der Menüzutaten zunächst an einen Scherz, brachen dann aber in stürmischen Beifall aus.

Der Erdnussanbau im amerikanischen Süden begann zu boomen. Doch das Angebot überstieg noch immer die Nachfrage. George Carver experimentierte daher weiter und „erfand" in seinem Labor bald sowohl das Erdnussöl als auch die „Erdnussmilch". Im Laufe der Zeit entwickelte der Wissenschaftler mehrere Hundert Erdnussprodukte und verfügte schließlich über ein Repertoire von Dutzenden von Erdnussrezepten. Noch zu Carvers Lebzeiten gründeten Pflanzer des amerikanischen Südens die Vereinigten Erdnussgesellschaften von Amerika und ab den 1920er-Jahren entwickelte sich die USA dank des passionierten Pflanzenforschers Carver zu einem der weltweit wichtigsten Erdnuss-Anbaugebiete. Auf dem Campus der Tuskegee University in Alabama erinnert ein kleines Museum an den 1943 verstorbenen Peanut-Pionier und engagierten Botaniker. Knapp dreieinhalb Jahrzehnte nach seinem Tod wählten die Vereinigten Staaten dann sogar einen Erdnussfarmer zum 39. Präsidenten ihres Landes.

Heute werden weltweit rund 50 Millionen Tonnen Erdnüsse geerntet, mehr als die Hälfte davon in China (17 Millionen) und Indien (10 Millionen). Die USA produzieren rund 3 Millionen Tonnen; fast die Hälfte davon kommt aus dem Staat Georgia – und ebenfalls die Hälfte der Gesamternte wird zu Erdnussbutter verarbeitet.

Auf dem afrikanischen Kontinent sind Nigeria (ca. 2,5 Millionen Tonnen) und der Sudan (ca. 1,7 Millionen Tonnen) führende Erzeuger. Malawi und Mosambik steuern dem Weltmarkt zwar nur deutlich geringere Mengen bei (ca. 400.000 bzw. 90.000 Tonnen), doch handelt es sich hierbei weitgehend um Bio- und Fairtrade-Ware. So kultivieren die seit 2001 in der MASFA *(Mchinji Area Smallholder Farmers Association)* demokratisch organisierten Kleinbauern dieser Region an der Grenze zu Sambia ihre *groundnuts* ohne oder mit nur ganz wenig chemischem Dünger und Pestiziden. Zudem werden sie per Hand sortiert und mitunter gleich enthülst. Auch aus Nicaragua kommen Fairtrade-Erdnüsse; faire Bio-Qualität liefert überdies Usbekistan. Hier wachsen die Erdnüsse auf Feldern rund um Samarkand. Rund tausend Bauern kümmern sich um die Aussaat, das Heranreifen und die Ernte. Sie gehören zu einer von drei großen Fairtrade-

Gruppen: Dustkul Bogi oder Turkiston Gulba oder Turob Bobo. Aus einem Kibbuz in Israel werden ebenfalls Bio-Erdnüsse nach Europa exportiert. Anbieter für die zertifizierte Ware sind u.a. GEPA und FAIRFOOD. Ein biozertifiziertes Erdnussöl aus China bietet u.a. Bioplanète an.

Hauptabnehmer für Erdnüsse sind die Länder der Europäischen Union, Kanada und Japan, welche zusammen für fast 80 Prozent der weltweiten Erdnussimporte verantwortlich sind.

In vielen der heute mehr als hundert Anbauländern wird hauptsächlich für den Eigenbedarf produziert; Indien und China behalten ihre Erdnuss-Produktion komplett im Land. Die Bevölkerung dort schätzt vor allem das Erdnussöl. Im vermuteten Herkunftsland Peru werden heute übrigens nur noch rund 6000 Tonnen Erdnüsse jährlich geerntet; in den einstigen Eroberer-Nationen Spanien und Portugal (dort wachsen sie hauptsächlich im Küstengebiet der Algarve sowie im Ribatejo) sind es sogar nur 650 bzw. 30 Tonnen.

BOTANISCHER STECKBRIEF

Eigentlich trägt die Erdnuss ihren Namen zu Unrecht, denn botanisch gesehen gehört die einjährige, krautige Pflanze zur Familie der Hülsenfrüchte (*Fabaceae* oder *Leguminosae*) und zur Unterfamilie der Schmetterlingsblütler *(Faboidae)* und ist somit etwa der Erbse verwandt – worauf auch der englische Begriff *peanut* verweist. Die Ähnlichkeit zu „echten“ Nüssen ergibt sich durch die Beschaffenheit der Samen, die Konsistenz, den hohen Fettgehalt und den vergleichsweise niedrigen Anteil an Stärke. Außerdem bleibt die Hülse der *Arachis hypogaea*, im Gegensatz zu jenen anderer Schmetterlingsblütler, geschlossen.

Der lange Stängel hingegen erinnert wiederum deutlich an ihre Abstammung. Er steht allerdings selten aufrecht, sondern kriecht (oft bis zu einer Länge von 80 Zentimetern) über den Boden. An einer einzelnen Pflanze können bis zu 40 Erdnüsse wachsen. Ihre eiförmigen, 1 bis 2 cm langen Samen sind hellbraun und besitzen zwei ölhaltige Keimblätter. Sie reifen als Einzelkern oder bis zu vier an der Zahl in ihren netzartig strukturierten, länglich gebogenen Hülsen gut geschützt in der Erde. Je nach Sorte und Wetterbedingungen können von der Aussaat bis zur Ernte 120 bis 160 Tage vergehen.

Zur Ernte werden die Pflanzen einschließlich der Ranke händisch oder maschinell aus dem Boden gezogen, gewendet und eine Zeit lang in der Luft zum Trocknen liegen gelassen, damit die Erdnüsse nicht faulen. Von 40 Prozent soll sich bei diesem Prozess der Wassergehalt auf maximal 10 Prozent reduzieren. Ansonsten muss nachgetrocknet werden. Nach der Trocknung werden die Erdnüsse gedroschen oder gebrochen und teilweise wird die Hülse entfernt. Auch die braune, papierartige Haut der erntereifen Kerne wird, da sie ein wenig bitter schmeckt, vor der Weiterverarbeitung oder dem Verzehr der Kerne meist entfernt. Manche Produzenten lassen die Erdnüsse auch (noch) druckentwesen. Mit dem Verfahren der Druckentwesung ist sichergestellt, dass sie absolut schädlingsfrei sind.

Sollen die Erdnüsse auf EU-Märkte gelangen, werden sie am Einfuhrort auf Aflatoxine kontrolliert, also jene Giftstoffe von bestimmten Schimmelpilzen, die nicht komplett getrocknete Erdnüsse mitunter befallen. Die Richtlinien sind streng: Enthält eine Lieferung mehr als die zulässigen Höchstmengen des Pilzgiftes, wird sie zurückgewiesen. Manche Bio-Hersteller lassen ihre Ware noch zusätzlich zu diesen Import-Kontrollen durchgängig auf Aflatoxine und darüber hinaus auf Pestizide testen. Wissenschaftler versuchen inzwischen bereits, die Pilz- und Virusresistenz sowie auch die Trockentoleranz mithilfe von Gentechnik zu verändern. Bislang sind aber noch keine genmanipulierten Erdnuss-Pflanzen für den Anbau zugelassen.

Erdnuss-Pflanzen sind sehr anspruchslos und benötigen nur mäßigen Regen. Dafür lieben sie Sonne und Wärme. Allein um zu keimen, brauchen sie Temperaturen von rund 25 Grad. Durch ihr besonderes Wurzelsystem finden sie auch in den magersten Böden noch ausreichend Nährstoffe (und reichern die Erde überdies mit Stickstoff an). So verwundert es nicht, dass die Erdnuss inzwischen weltweit verbreitet und vor allem in Ländern wie Afrika ein wichtiger Nahrungslieferant ist. In der nördlichen Hemisphäre reift die gelb blühende Pflanze – nur jede fünfte der vielen Blüten wird befruchtet – meist zwischen Juli und September. Im Herbst und bis zum Dezember kommen die frischen Erdnüsse auf den Markt. In der Regel sind sie dann noch in ihren Hülsen. Im Gegensatz zu den meisten anderen Hülsenfrüchten sind Erdnüsse roh genießbar – und ihr Geschmack erinnert in frischem Zustand tatsächlich weniger an Nüsse als eher an jenen der artverwandten Bohnen.

FÜR GESUNDHEIT & WOHLBEFINDEN

Frische Erdnüsse, das wussten schon die Azteken, sind gesund und haben heilende Wirkung. Sie kurierten etwa Zahnschmerzen mit Erdnusspaste. In der Traditionellen Chinesischen Medizin wird der Erdnuss vor allem eine Wirkung auf Milz und Magen nachgesagt und Frauen speziell für die Milchbildung nach der Geburt empfohlen. Auch die moderne Forschung ist sich inzwischen einig, dass *Arachis hypogaea* viele positive Eigenschaften hat. Manchen gilt sie gar als regelrechtes Superfood, wie kürzlich auch die „Hindustiantimes“ berichtete. Peanuts, so zitiert das indische Medium neuere Studien, könnten beispielsweise wichtige Gehirnstrom-Frequenzen positiv beeinflussen, vor allem jene, die für das Immunsystem, die Selbstheilungskräfte und tiefen Schlaf verantwortlich sind.

Auf jeden Fall sind die kleinen goldgelben Kerne eine exzellente Eiweißquelle (26 g pro 100 g) und versorgen den Körper mit wertvollen Vitalstoffen. Auch enthalten Erdnüsse reichlich Kalium und das vor allem für die Arbeit der Muskeln und Nerven wichtige Magnesium (180 mg pro 100 g). Auch fast alle B-Vitamine (außer B12) sowie ein hoher Anteil an Vitamin E und der sekundäre Pflanzenstoff Resveratrol sind in der Erdnuss enthalten. Gleiches gilt für Zink und Folsäure (Letztere ist vor allem für Schwangere wichtig). Wer die roten Häutchen der *Arachis hypogaea* mitverzehrt, erhält zudem noch eine Extraportion Antioxidantien.

Erdnüsse enthalten aber auch viel Fett (ca. 48 Prozent). Bei einem Viertel davon handelt es sich um gesättigte Fettsäuren, ein weiteres Viertel entfällt auf Linolsäure und die Linolensäure. Zu der letzten Hälfte des Erdnuss-Fetts zählen die ungesättigten Fettsäuren. Diese können das Risiko von Herz-Kreislauf-Erkrankungen senken. Jüngere Untersuchungen ergaben, dass der Verzehr von Erdnüssen die Blutfettwerte verbessern und überdies für gesunde und elastische Blutgefäße sorgen kann. Im Verlauf einer Studie der US-amerikanischen Purdue University in West Lafayette zeigte sich, dass Probanden, die vier Wochen lang täglich 56 Gramm frische Erdnüsse gegessen hatten, bereits nach diesem Zeitraum einen gesenkten Gesamtcholesterinspiegel sowie verminderte LDL-Cholesterin-Werte aufwiesen. Untersuchungen an der ernährungswissenschaftlichen Fakultät der Pennsylvania State University mit übergewichtigen Männern, die nach einer fettreichen Mahlzeit einen Shake mit 85 Gramm gemahlenen Erdnüssen zu sich nahmen, ergaben zudem, dass Erdnüsse einen positiven Einfluss auf deren Triglyceridspiegel hatten.

Frische Erdnüsse tragen also nicht nur zu unserer Gesundheit bei und versorgen den Körper mit reichlich Energie – sie machen, entgegen der noch immer weit verbreiteten Meinung, auch nicht dick. So enthalten 100 Gramm Erdnüsse zwar ca. 570 Kalorien, aber nur 16 Gramm Kohlehydrate und 4 Gramm Zucker.

Aber Achtung: Wir sprechen hier von frischen, ungerösteten und ungesalzenen Erdnusskernen. Finger weg hingegen von gesalzenen Exemplaren. Wegen ihrer Kombination aus gehärteten Fetten und Salz, mit denen sie verarbeitet werden, setzen sie sich durchaus auf den Hüften fest! Und ob Erdnussbutter, wie von der US-amerikanischen (Theater-)Autorin Sandy Asher in ihrem Buch „The Great American Peanut Book" behauptet, tatsächlich „um 1890 von einem Arzt in St. Louis als Diätlebensmittel für ältere Menschen empfohlen" wurde, bleibt zu bezweifeln. Tatsache ist vielmehr, dass schon seit langem eine als *Plumpy'nut* bezeichnete Paste aus Erdnussbutter, Milchpulver, Öl und Zucker zur Behandlung von moderater Unterernährung im Bereich der humanitären Hilfe dient.

Auch bei Haut- und Verdauungsproblemen setzen Medizin und Pharmazie auf die Erdnuss. So kann Erdnussöl beispielsweise als Klistier zur Erweichung von hartem Kot im Enddarm angewandt werden. In der pharmazeutischen Technologie dient es als Trägerstoff für fettlösliche Wirkstoffe zum äußerlichen, enteralen (per Sonde) oder parenteralen (über die Vene oder die Muskeln) Gebrauch und als Öl für Augentropfen. In der Dermatologie gilt Erdnussöl als hilfreich gegen Krusten und Hautschuppen im Bereich des Kopfes. Es kann aber ebenso zur Säuglingspflege und auch zur Behandlung vor allem von subakuten, chronischen oder atopischen Ekzemen und Ichthyosis (Fischschuppenkrankheit) verwendet werden.

Außerdem diente gehärtetes Erdnussöl wegen seines guten Wasseraufnahmevermögens früher häufig als Salbengrundlage. So war es in alten Rezepturen etwa Bestandteil der „Camphersalbe" (gegen Muskel-, Gelenk- und Rheumaschmerzen oder bei Erkältung) und außerdem in Nasensalben oder Erkältungsbalsamen zu finden. Heute jedoch wird dieses Öl immer seltener zur Arzneimittelherstellung verwendet. Wegen seines hohen Fettanteils gilt Erdnussöl aber nach wie vor als guter Hautschutz und kommt deswegen noch oft in Haut- und Sonnenölen vor. Zudem wird es gern für Massagen verwendet, denn es zieht nur langsam in die Haut ein und hat gute Gleiteigenschaften.

Eine kleine Einschränkung gibt es allerdings bei der Kombination Erdnuss und Gesundheit: Aufgrund ihres hohe Eiweißgehaltes hat die Hülsenfrucht ein hohes Allergiepotential. Allerdings reagiert nur etwa 1 Prozent der Menschen allergisch auf Protein. Bei ihnen genügen freilich schon Eiweißmengen im Mikrogramm-Bereich, um Reaktionen wie Übelkeit, Herzrasen oder Atembeschwerden auszulösen. Und viele Lebensmittel enthalten Eiweiß – auch in Form von Erdnussanteilen (z.B. Erdnussöl). Die Forschung zeigt jedoch, dass hochraffiniertes Erdnussöl, bei dem alle allergischen Proteine entfernt sind, diese schwerwiegenden Auswirkungen nicht verursachen kann. Und eine jüngere Fünfjahres-Studie mit Kindern ergab, dass der regelmäßige Verzehr kleinerer Mengen an Erdnüssen offenbar das Allergiepotential minimieren kann.

ERDNUSSDIAMANTEN UND SCHLÜSSELLÖCHER

Der deutsche Pop-Art-Künstler und mehrfache Biennale-Teilnehmer Sigmar Polke verewigte sie in Form schwarzer, unregelmäßiger Doppeltupfen als die beiden Schlüssellöcher auf seinem postmodernen Lackgemälde „Schrank" (1963); die niederländisch-surinamische Schauspielerin und (Bühnen-)Autorin Bodil de la Parra lässt die Helden ihres 2001 uraufgeführten Kindertheaterstücks „Drie" (Drei) mit fünfzig Erdnussbutter-Stullen als Proviant eine abenteuerliche Reise antreten – und der US-amerikanische Künstler Steve Casino gestaltet aus Erdnüssen mit Hilfe von Spachtelmasse, Schmirgelpapier, Holz, Bambus, Schaumstoff und Acrylfarbe berühmte Persönlichkeiten. Die Palette reicht dabei von Albert Einstein über Marylin Monroe bis hin zu Picasso. Auch die legendären „Peanuts"-Charaktere Charlie Brown und Sally hat Casino natürlich schon gestaltet.

Als sein Landsmann Charles M. Schulz Ende der 1940er-Jahre die großköpfigen Kinderfiguren für einen ersten wöchentlichen Comic-Strip in der „St. Pauls Pioneer Press" seiner Heimatstadt Minneapolis anlegte, hießen sie noch „Li'l Folks", kleine Leute – und ihr junger Erfinder arbeitete ohne jegliche professionelle Verkaufsunterstützung. Um seine Arbeiten in einem weiteren Radius publizieren zu können, kontaktierte Schulz aber schon bald den Interessenverband *United Feature Syndicate* (UFS). Dieser nahm Schulz auf und verhalf ihm tatsächlich zu festen Verträgen bei namhaften Zeitungen. Da es aber zu dieser Zeit bereits andere US-amerikanische Comicserien mit ähnlichen Titeln wie „Li'l Folks" gab, änderte UFS den Titel der Schulz'schen Bildergeschichten in *Peanuts.* Die Kinder-Show *Howdy Doody,* bei der stets eine ganze Reihe kleiner Gäste im Studio mit agierten, hatte UFS-Produktmanager Bill Anderson offenbar zu der Namenswahl inspiriert. Man nannte die freche Kinderschar vor den Radio- und später den TV-Mikrofonen *peanut gallery*, so wie in Zeiten des Vaudeville-Theaters jene billigsten Plätze, von denen oft Zwischenrufe erschallten und mitunter auch Erdnüsse, die als preiswertester Snack serviert wurden, auf die Schauspieler geworfen wurden.

Charles M. Schulz mochte den neuen Namen für seine Zeichenserie überhaupt nicht; er fühlte sich und sein Schaffen regelrecht beleidigt. Immer wieder bat er bei der UFS um Änderung, machte selbst unzählige Vorschläge (wie etwa „Good Ol' Charlie Brown") und empörte sich sein Leben lang über die getroffene Entscheidung. „Ich mag noch nicht mal das Wort", sagte der ansonsten eher als sanft und ruhig bekannte Mann noch 1987 in einem Interview, „es ist total lächerlich, hat keine Bedeutung, irritiert nur und hat keine Würde. Ich denke, mein Humor hat aber Würde ..."

Schulz erreichte immerhin, dass seine gezeichneten Sonntagsgeschichten, die meist losgelöst von jeglicher historischen Realität die menschlichen Ur-Themen wie Liebe, Hass, Sehnsucht etc. behandelten und daher – wie Erdnüsse – für alle sozialen Schichten gut konsumierbar waren, zwischen Ende 1966 und Anfang 1987 stets den Zusatz „featuring Good Ol' Charlie Brown" trugen. Auch beim Benennen der TV-Specials zu Ostern oder Weihnachten wurde das Wort *peanuts* vermieden. Und in Buchform brachte der Autor seine Bilderstorys konsequenterweise nur unter Titeln wie „Charlie Brown" oder „Snoopy" heraus.

Welcher Bekannt- und Beliebtheit diese beiden „Haupthelden" der Peanuts-Strips sich bald erfreuten, zeigt übrigens auch die Tatsache, dass die Mannschaft von Apollo 10 als Rufzeichen für ihr Raumschiff den Namen Charlie Brown wählte und die Mondlandefähre Snoopy nannte. Die Astronauten hatten außerdem Zeichnungen des Duos mit an Bord (die sie nutzten, um die Kameras für die erste Live-Farbübertragung aus dem All zu kalibrieren): Sie zeigen Charlie Brown im Raumanzug und Snoopy mit Fliegerbrille und seinem wehenden Flug-Schal.

Rund zwei Jahre nach der Apollo-10-Mission mit den Peanuts-Bildern flog tatsächlich eine echte Erdnuss zum Mond. Alan Bartlett Shepard, Commander von Apollo 14, so heißt es, brachte das kleine Ding in einem Plastik-Filmrollendöschen dorthin. Aus einer Bar in Santa Monica, wo er häufig verkehrte. Barbesitzer Jay Fiondella hatte den Astronauten gebeten, ein Exemplar der „Gourmet-Erdnüsse" von „Chez Jay", die genauso legendär waren wie das Calamari-Steak und die Show des Etablissements, ins All zu schmuggeln. Zusammen mit einer Hängematte, einem Golfschläger und einem Maskottchen in Delfin-Form verließ die Jay-Erdnuss somit im Gepäck von Shepard den blauen Planeten am 31. Januar 1971 von Cape Canaveral aus. Ob der Astronaut die salzige kleine Abgesandte seines Heimatlandes dann tatsächlich bei seinem Moon-Walk in der Tasche seines Raumanzugs hatte, ist nicht bekannt. Verbrieft ist hingegen, dass Shepard die „Jay"-Erdnuss, versehen mit einer signierten eidesstattlichen Erklärung, dass sie auf dem Mond gewesen sei, zurückbrachte in die Bar von Mister Fiondella – wo sie bis heute hinter Glas zu bewundern ist.

Die von seinem Landsmann Charles M. Schulz erstmals in den Bereich der Kunst transferierte *peanut* inspiriert offenbar immer wieder aufs Neue das Schaffen kreativer Köpfe. Aber auch in historischem Liedgut kommen Erdnüsse (oder Produkte aus ihnen) schon vor, wie der spanische Geschichtswissenschaftler Esteban Puig in seinem „Breve diccionario folklórico de piuranismos" notiert. Er bezieht sich dabei auf die peruanische Spezialität *acuña de manì*, von der auch der peruanische Schriftsteller Enrique López Albújar in seiner Kolonial-Zeit-Novelle „Matalaché“ aus dem Jahr 1928 erzählt. Einen ganz anderen Blick auf die Erdnuss haben indes die Esten: Eine ihrer Legenden besagt, dass die Gestalt ihres von vielen Hügeln und Seen geprägten Haanja-Hochlands dem Teufel zuzuschreiben sei, der das Gebiet auf der Suche nach Erdnüssen durchwühlt habe.

Aber nicht nur für wunderbare Mythen und Geschichten, literaturreife Süßspeisen und ausgefallene Kunstobjekte taugt die Erdnuss. Auch zahlreiche Güter des täglichen Bedarfs enthalten Teile oder Produkte aus der Hülsenfrucht, darunter Seife, Wandfaserplatten, Katzenstreu, Reinigungsmittel, Salben, Metallpolitur, Bleichmittel, Tinte, Rasier- und Gesichtscreme, Linoleum, Gummi, Shampoo, Futterknödel für Vögel und sogar Sprengstoff. Schon John Washington Carver stellte aus der roten Haut der Erdnuss sehr feines Papier her und die Erdnussschalen vermischte der Forscher mit einem Bindemittel, um sie anschließend zu Würfeln zu pressen, die die Festigkeit von Marmor hatten. Auf der Pariser Weltausstellung von 1900 hatte zudem Rudolf Diesel anhand eines experimentellen Verbrennungsmotors gezeigt, dass Erdnussöl als Kraftstoff geeignet ist.

Mexikanische Biotechnologen entwickelten aus Erdnussschalen jüngst einen Luftfilter, nachdem sie entdeckt hatten, dass auf/in den Hülsen siedelnde Pilze und Bakterien toxische Stoffe zu CO_2 und Wasser umwandeln können. Sogar Diamanten lassen sich aus Erdnüssen herstellen – genauer gesagt: aus Erdnussbutter. Zumindest gelang dies dem britischen Wissenschaftler Dan Frost, seit 2012 Professor am Geoinstitut der Universität Bayreuth. Er setzte eine Portion des Brotaufstrichs so sehr unter Druck, dass tatsächlich Diamanten entstanden. Allerdings waren die Edelsteine nur wenige Millimeter groß und schlammbraun statt funkelnd hell. Frost wollte mit seinem über Wochen andauernden Experiment weitere Erkenntnisse über die Zusammensetzung des Erdmantels erhalten.

Warum indes Frank und Ethel Mars den 1930 auf den US-Markt gebrachten Schoko-Erdnuss-Riegel des Familienunternehmens nach ihrem Lieblingsrennpferd Snickers benannten, bleibt ein Rätsel. War das edle Ross etwa ein Fan von *peanuts* anstatt von Möhren? Bei US-amerikanischen Hunden jedenfalls erfreuen sich Erdnüsse großer Beliebtheit. Allerdings nicht im Futternapf. Vielmehr kaufen Herrchen und Frauchen große Exemplare aus Kunststoff, damit die lieben Vierbeiner ihre Balance, Kraft und Koordination trainieren. Und vielleicht auch ein wenig Spaß haben mit den quietschgelben, fast einen Meter langen *ribbed peanuts.*

SÜSSE KRINGEL, PINDA-KAAS & SCHARFES FLEISCH

Aufgrund ihres hohen Nährwerts findet sich die Erdnuss in vielen Küchen der Welt. Und so vielfältig wie ihre Inhaltsstoffe sind auch ihre Darreichungsformen. Frisch aus der Schale oder geröstet, gesalzen, gezuckert oder sogar gekocht, gehackt, gemahlen, als Butter oder Öl. Der Fantasie scheinen keine Grenzen gesetzt bei der Verwendung der Hülsenfrucht. Indigene Stämme in Zentralbrasilien etwa schufen schon früh ein Getränk aus den goldenen Kernen. In Indien mischt man sie mit Gewürzen zu einem Chutney-Pulver; in der fernöstlichen Küche bilden sie die Basis nussiger Saucen von süß über sauer bis scharf. Und im Senegal bieten die Gnama-Gnama-Verkäufer an fast jeder Straßenecke als besondere Spezialität in Sand gegrillte Erdnüsse an.

Auch die Koura-Koura-Kringel sind ein typisches afrikanisches Erdnussprodukt. Vor allem im zentralen Hochland von Burkina Faso hat dieses filigrane Gebäck aus selbstgemachter Erdnusspaste eine lange Tradition. Frauen buken es in erster Linie als Snack für die Kinder, die die leicht ölig-süß schmeckenden Kringel meist wie Armreifen trugen und zum Essen „knackten". Von diesem Geräusch haben die Koura-Koura ihren Namen.

Bei der traditionellen Herstellung des afrikanischen Kilichi spiel(t)en Erdnüsse ebenfalls eine Rolle. In Kamerun zum Beispiel bestreicht das Volk der Tikar die dünnen, in mit Holz befeuerten Öfen getrockneten Fleischstreifen (vom Rind meist, mitunter aber auch von Schaf oder Ziege) außer mit Salz auch mit Knoblauch, Ingwer, Nelken und schwarzem afrikanischem Pfeffer sowie mit gewürzter Erdnusspaste. Allerdings wird diese uralte „Soya"-Methode nur noch im Dorf Bankim praktiziert. Denn immer mehr industriell hergestellte Snacks verdrängen die Traditions-Produkte. Wie die Koura-Koura-Kringel hat Slowfood daher das traditionelle kamerunische Kilichi zum Arche-Passagier erklärt.

Gleiches gilt für die peruanischen *acuña de manì*, eine Süßigkeit aus Erdnüssen und Zucker, die traditionell nur zu Festen und religiösen Feierlichkeiten zubereitet wurde. Einzig im Distrikt Piura werden die etwa zehn Zentimeter langen Barren noch heute mit *chancha-ca* hergestellt, den man durch das Eindicken von Zuckerrohrsaft gewinnt. Vermischt mit Zitronensaft und Wasser lässt man diesen Zucker zu einem dunklen Karamell schmelzen, der dann über die Erdnüsse gegossen wird. Ursprünglich nutzte man dafür die lokale Sorte *mani criollo.* Das *acuña de manì* erinnert deutlich an Erdnusskrokant, welches man auf der Iberischen Halbinsel findet und an das *peanut brittle* der US-amerikanischen Südstaaten.

Eine weitere Spezialität dieser Region sind *boil(ed) peanuts*. Frisch geerntet, d.h. noch ungetrocknet und in ihrer netzartigen Hülse belassen, werden die Erdnüsse dafür mehrere Stunden über offenem Feuer in Salzwasser gekocht. Sie schmecken dann eher wie Gemüse und werden – meist nur zwischen Mai und November – zum Beispiel in Georgia am Rande der Landstraßen aus Wohnwagen oder kleinen Holzhütten als Snack verkauft. Auch *Groundnut Cakes*, bis in die 1930er-Jahre hausgemachte Street-Food-Ikonen aus (Zuckerrohr- oder Zuckerrüben-)Melasse, gerösteten Erdnüssen, braunem Zucker und Butter zählen zur kulinarischen Tradition des amerikanischen Südens. Verkauft wurden die Küchlein von sogenannten Groundnut Cake Ladies vor allem in Charleston (South Carolina). In Plains, der Heimat von Erdnussfarmer Jimmy Carter, zeigt der Laden von Fabrikant Bobby Salter die vielfältigen Möglichkeiten, *peanuts* zu behandeln. Zu den landesweit bekannten Erdnuss-Snack-Varianten zählen natürlich nicht nur kandierte, sondern auch *salt and vinegar peanuts* (mit Salz und Essig), *mexican peanuts* (chilischarf) sowie die legendären Schokoladen-Erdnüsse, die unter dem Namen Treets in den 1980er-Jahren auch bei uns Furore machten und seit kurzem in den Süßwarenregalen zurück sind.

Bekannt war die Erdnuss in Deutschland allerdings schon mindestens seit den 1920er-Jahren. Im Zuge der kruden, multireligiös geprägten und latent rassistischen Mazdaznan-Lehre, die mit Meditation, Atemübungen und streng vegetarischer „reinigender" Ernährung seit ihrer Gründung 1890 in Chicago die Erneuerung des Menschen anstrebte, war sie sogar ins Staatliche Bauhaus Weimar gelangt. Verantwortlich dafür zeichnete der Schweizer Künstler Johannes Itten, der an dieser neu gegründeten Hochschule für Kunst, Architektur und Design zwischen 1919 und 1923 die sogenannte Vorklasse leitete und glühender Mazdaznan-Anhänger war. Er ließ seine Studenten unter anderem einen Gemüseacker anlegen und setzte zeitweilig sogar für die Bauhaus-Kantine eine „Reformdiät“ durch, die u.a. Speisen wie Isländisch-Moos-Pudding oder Knoblauchkaltschale mit Erdnüssen umfasste.

Erdnussflips hingegen gab es am Bauhaus nicht – weder am frühen in Weimar noch in der späteren Dessauer Phase. Die beliebte Knabberei kam in Deutschland erst Anfang der 1960er-Jahre auf – als echtes Kind der Bundesrepublik. Zwar basieren die deutschen Flips (mehr als 70 Millionen Beutel à rund 300 Stück werden jährlich verputzt) wie ihre Verwandten in den USA oder in Asien auf Maismehl – aber dort werden die maschinell unter Hochdruck gepressten „Würmchen“ lediglich mit Käse aromatisiert beziehungsweise mit Zucker und Aromamischungen als Süßigkeit verkauft. Lediglich bundesrepublikanische Hersteller „duschen“ die Maisflips mit einer Art Erdnusssauce. Etwa zeitgleich mit dem Aufkommen der Erdnussflips im deutschsprachigen Raum schuf man allerdings auch in Israel eine ähnliche Knabberei; hier wurden und werden die Flips statt mit fein gemahlenen Erdnüssen mit Erdnussbutter aromatisiert.

KULINARISCHES ERDNUSS-BASISWISSEN

Erdnüsse enthäuten: Um das dunkle, etwas bitter schmeckende Häutchen der Erdnuss leicht zu entfernen, blanchiert man die Kerne etwa 3 bis 5 Minuten oder röstet sie ähnlich lang im Ofen. Alternativ kann man sie für eine Nacht ins Tiefkühlfach legen. Anschließend mit den Fingern die Häutchen abreiben.

Erdnüsse und deren Produkte aufbewahren: Frische Erdnusskerne halten sich in einem hermetisch verschlossenen Behälter im Kühlschrank bis zu drei Monate; im Tiefkühlfach bis zu sechs Monate.

Trocken geröstete enthülste Erdnüsse kann man an einem kühlen, trockenen Ort ebenfalls bis zu drei Monate aufbewahren, in ihrer Schale bis zu neun Monate.

Erdnussbutter (ohne chemische Zusätze) hält sich nach dem Anbrechen bei Zimmertemperatur etwa eine Woche, im Kühlschrank bis zu zwei Monate.

Erdnussöl hält sich, verschlossen an einem kühlen, trockenen und dunklen Ort, je nach Sorte bis zu zwei Jahre.

Erdnussbutter, wie wir sie heute kennen, ist wohl ebenfalls ein Produkt des amerikanischen Kontinents. Zwar wird bereits 1778 im handgeschriebenen „Sarramancanisch-deutschen Wörterbuch" von Christian L. Schumann im Zusammenhang mit dem surinamesischen Gericht Pinda-Dokunnu das Wort *pindakaas* gebraucht (*pinda* bedeutet in der Papyamento-Sprache Erdnuss). Doch die so bezeichnete Erdnussmasse war noch eher fest, d.h. musste – wie Käse – von einem Block geschnitten werden. Knapp hundert Jahre später taucht *pindakaas* bei den Ausfuhr-Statistiken von „De West-Indiër", einer Zeitung der westindischen niederländischen Kolonien, schon als Bezeichnung für streichfähige Erdnusspaste auf. Und in der zeitgenössischen „Illustrious history of the goober pea" wird eine Dame namens Rose Davis aus Alligerville (Staat New York) genannt, die bereits 1840 einen Erdnuss-Aufstrich fabriziert haben soll, nachdem ihr Sohn bei der Rückkehr von einer Kuba-Reise erzählt hatte, dass die Frauen dort die Nüsse zu einer Paste gequetscht und auf Brot gestrichen hätten.

Als eigentliche Erfinder der inzwischen nahezu weltweit beliebten cremigen *peanutbutter* nennen historische Quellen aber stets „amerikanische" Herren. Oftmals fällt an erster Stelle der Name des bereits erwähnten Botanikers George Washington Carver. Auch dem Arzt John Harvey Kellogg, Miterfinder der legendären Frühstücksflocken, wird nachgesagt, die Erdnussbutter „entdeckt" zu haben. Er ließ seinen Patienten im Battle Creek Sanatorium jedenfalls schon in den 1880er-Jahren „eine exzellente Nusszubereitung" anstelle von Butter servieren und meldete 1885 zwei Patente im Zusammenhang mit *nut butters* an. Schon zwölf Monate zuvor freilich hatte der kanadische Chemiker und Pharmazeut Marcellus Gilmore Edson sein Erdnussbutter-Patent angemeldet.

Wie dem auch sei: Erdnussbutter, oft auch als Erdnusscreme oder Erdnusspaste bezeichnet, ist ein fettreicher Brotaufstrich, dessen Hauptbestandteil gemahlene Erdnüsse sind. Zusammen mit (meist gehärtetem) pflanzlichem Öl (häufig Rapsöl oder Palmöl), Salz und Zucker bilden die Nüsse eine homogene, streichfähige Masse, die sich auch hervorragend beim Kochen einsetzen lässt. Schon kleine Mengen verleihen herzhaften wie süßen Gerichten eine besondere Note. Erdnussbutter enthält im Schnitt 600 kcal pro 100 Gramm. Bei uns im Handel sind in der Regel die Varianten grob *(crunchy)* und fein *(creamy)*; es existieren freilich inzwischen auch Varianten mit reduziertem Fettanteil oder Zusätzen wie Honig, Karamell und Kakao.

In den Vereinigten Staaten muss Erdnussbutter per Rechtsverordnung mindestens 90 Prozent Erdnussbestandteile aufweisen und darf nicht mehr als 55 Prozent Fett enthalten. Würzmittel und Stabilisatoren sind als Zusätze erlaubt; künstliche Aroma- und Süßstoffe, chemische Konservierungsmittel und künstliche Lebensmittelfarbstoffe hingegen verboten.

In der Europäischen Union gibt es keine Vorgaben bezüglich des Erdnuss- oder Fettanteils. Im Naturkosthandel wird jedoch zwischen Erdnussmus und Erdnussbutter unterschieden. Ersteres muss nach der hier gängigen Praxis entweder zu hundert Prozent aus Erdnüssen bestehen oder darf als einzige weitere Zutat lediglich Speisesalz enthalten. Für Erdnussbutter hingegen sind weitere Ingredienzien erlaubt. Beide Bezeichnungen sind aber weder durch deutsches noch durch europäisches Recht geschützt.

Populär ist Erdnussbutter vor allem in Nordamerika und Teilen von Asien sowie in den Niederlanden. Besonders auf den Philippinen und in Indonesien ist sie Bestandteil vieler Gerichte. In Nordamerika ist das *Peanut Butter and Jelly Sandwich* beliebt: Erdnussbutter trifft hier auf Fruchtgelee. Ein vor allem in den Neuengland-Staaten bekanntes Sandwich aus Weißbrot mit Erdnussbutter und Marshmallow-Creme *(fluff)* bezeichnet man als *fluffernutter*. In Großbritannien, Australien und (Süd-) Afrika ist Erdnussbutter ebenfalls weit verbreitet. So gehört sie etwa auch auf dem seit 2013 bestehenden *Maputo Earth Market* zum Warenangebot.

Erdnussöl ist vor allem in der afrikanischen und asiatischen Küche eine beliebte Zutat. Es hat einen hohen Flammpunkt und eignet sich daher sowohl zum Kochen als auch zum Frittieren, Braten und Backen. Zudem lassen sich Speisen damit verfeinern. Man unterscheidet grundsätzlich zwischen kaltgepresstem und raffiniertem Erdnussöl. Bei der Kaltpressung bleiben alle Inhaltsstoffe erhalten; das aus den zerhackten frischen Nüssen gewonnene Öl durchläuft lediglich einen feinen Filter. Aus dem verbliebenen Presskuchen kann durch Destillation (mittels des Kohlenwasserstoffs Hexan) weiteres Öl gewonnen werden; es ist freilich von minderer Qualität. Raffiniertes Erdnussöl wird aus zunächst gerösteten und während der Pressung großer Hitze ausgesetzten Erdnusskernen gewonnen. Es schmeckt meist mild und neutral, zudem fehlt ihm der nussige Duft und die typische goldgelbe Farbe der kaltgepressten Variante. Hochwertiges Erdnussöl harmoniert wunderbar mit Salaten, Gemüsen und kurzgebratenem Fleisch.

Erdnussmehl

Ein Nebenprodukt bei der Gewinnung von Erdnussöl ist Erdnussmehl. Man erhält es durch das Mahlen des verbliebenen, (teil)entölten Presskuchens. Es hat einen hohen Protein- und Ballaststoff-Gehalt, weist aber nur wenig Fett auf (bis max. 13 g pro 100 g). Gemahlene Erdnüsse hingegen enthalten auf die gleiche Menge noch etwa 50 g Fett. Das Volumen von Erdnussmehl entspricht jenem von Weizenmehl, daher lässt es sich gut zum Backen und für Süßspeisen verwenden (z.B. Pfannkuchen). Optimal geeignet ist es auch zum Andicken von Saucen. Erdnussmehl enthält auf 100 g nur ca. 9 g Kohlenhydrate (Weizenmehl ca. 70 g) und ist komplett glutenfrei.

REZEPTE

Erdnüsse schmecken nicht nur aus der Hand oder vom Löffel als Begleitung zum Aperitif. Gehackt oder fein gemörsert lässt sich mit ihnen Fisch panieren oder Gebäck füllen, aromatisieren sie das Frühstücksei, Gemüsegerichte oder Salat. In vielen Ländern der Erde findet sich die Erdnuss auch in Suppen oder Saucen. Als Mus, Creme oder Butter mundet sie köstlich auf warmem, frischem Brot, aber auch in Törtchen und Keksen. Und Erdnussöl verfeinert nicht nur so manche Speise, sondern eignet sich aufgrund seines hohen Flammpunktes besonders gut zum Braten, Grillen oder Frittieren.

Bei den Erdnüssen in den Rezepten handelt es sich, so nicht anders vermerkt, um geschälte Kerne (ohne Haut), ungesalzen und ungeröstet.

VORSPEISEN/SNACKS/BEILAGEN

Erdnusssauce

Gerade in der asiatischen Küche gehört Erdnusssauce zum festen Repertoire. Sie passt zu Saté-Spießen ebenso wie zu Chicken Wings oder anderen Fleisch- und Fischgerichten. Unsere beiden Rezepte stammen aus dem Kochbuch „Die indonesische Küche“ von Sri Owen.

Für ca. 4 Portionen: 1 Chilischote • 1 Knoblauchzehe • 1 Schalotte • 1 EL Erdnussöl • 5 EL Erdnussbutter • 100 ml Kokosmilch • 400 ml Hühner- oder Gemüsebrühe • etwas Sojasauce • Cayennepfeffer

Chilischote hacken, Knoblauch und Schalotte schälen, beides ebenfalls hacken bzw. klein schneiden. Alles in einer Pfanne mit heißem Öl anschwitzen. Erdnussbutter hinzufügen und mit Kokosmilch ablöschen. Brühe angießen und die Mischung bei schwacher Hitze einkochen, bis sie eine sämige Konsistenz hat. Gelegentlich umrühren. Zum Schluss mit Sojasauce und Cayennepfeffer abschmecken.

Erdnusssauce ohne Kokosmilch

Für 3–4 Portionen: 120 g Erdnüsse • 2 Schalotten • 1 Knoblauchzehe • 1 Scheibe Terasi (indonesische Garnelenpaste aus dem Asialaden; alternativ: Fischsauce) • Chili(pulver) • Salz • 1 EL Erdnuss- oder anderes Pflanzenöl (und etwas mehr für die Erdnüsse) • 1½ Tassen Wasser • 1 EL Zitronensaft • 1 TL brauner Zucker

Erdnüsse zunächst in heißem Pflanzenöl in einer Pfanne anrösten und anschließend pürieren. Schalotten und Knoblauch schälen, sehr fein hacken, dann mit der Garnelenpaste, dem Chili und etwas Salz in heißem Öl andünsten. Mit Wasser ablöschen und die Mischung aufkochen lassen. Nun die Erdnussmasse, den Zitronensaft und den Zucker hinzugeben. Alles weiter köcheln, bis die Sauce eine cremige Konsistenz erreicht hat. Zum Schluss mit Salz und Chili abschmecken.

Indische Gewürznüsse

Für 8 Portionen: 4 Gewürznelken • 4 Kardamomkapseln • 4 Lorbeerblätter • 4 Sternanis • 1 TL Koriandersamen • 1 TL Kreuzkümmelsamen • 1 TL gemahlene Koriandersamen • 1 TL Garam Marsala • 1 TL Kurkuma • 1 TL Senfsamen • 3 TL Erdnussöl • 500 g Erdnüsse • einige Curryblätter • Salz und etwas Habanero-Chilipulver

Gewürze in einer Pfanne mit heißem Erdnussöl grillen, anschließend die Erdnusskerne zugeben. Hitze verringern und alles 30 Minuten unter stetem Rühren braten. Vom Herd nehmen und die Curryblätter zugeben. Mit Salz und Chili abschmecken.

Frittierte Eier mit Dukkah

In Ägypten, vor allem aber in der Hauptstadt Kairo, ist dieses Duo, kombiniert mit den jeweils landestypischen Brotsorten, ein echter Frühstücksrenner.

Für 4 Portionen: 100 g Erdnüsse • 100 g Sesamsamen • 50 g Koriandersamen • 40 g Kreuzkümmel • Salz • frisch geschroteter Pfeffer • 8 Eier • 60 g Mehl • ausreichend Pflanzenöl zum Frittieren

Für die Dukkah Erdnüsse und Samen jeweils in einer fettfreien Pfanne bei mittlerer Hitze rösten. In einem Mörser mit Salz und Pfeffer so lange stampfen, bis sich alle Zutaten miteinander verbunden haben. Eier wachsweich kochen, kalt abschrecken, aus der Schale lösen und leicht in Mehl wälzen. Überschüssiges Mehl abschütteln. Öl in einem Topf erhitzen und die Eier portionsweise goldgelb ausbacken (etwa 1 Minute). Aus dem Fett nehmen und in der Dukkah-Mischung wälzen, evtl. mit Salz und Pfeffer nachwürzen. Dazu passen frischer Kräutersalat und Fladenbrot.

Knoblauchkaltschale à la Bauhaus

In den 1920er-Jahren herrschte Hunger und Not auch am Dessauer Bauhaus. Leiter Martin Gropius suchte daher Sponsoren, um regelmäßige Mahlzeiten für die Studenten zu finanzieren. Zudem wurde ein Garten angelegt, um Selbstgepflanztes zu ernten und zuzubereiten. Dennoch waren die Portionen klein – und überdies propagierte Mazdaznan-Anhänger Johannes Itten, der von 1919 bis 1923 in Dessau lehrte, strenge Ernährungsrichtlinien für den „neuen Menschen".

Für 1 Portion: 1 Knoblauchzehe • ½ l Milch • 2 EL fein gemahlene Erdnüsse • Getreideflocken • etwas Muskat • Paprika- oder Currypulver

Knoblauchzehe in die Milch einreiben, Erdnüsse hinzufügen und alles wenigstens 30 Minuten stehen lassen. Über Getreideflocken gießen und mit Muskat und Paprika oder Curry würzen.

Afrikanische Erdnusssuppe

Ein leichter Appetitanreger aus dem *Groundnut cookbook* von Duval Timothy, Jacob Fodio Todd und Folayemi Brown.

Für 4 Portionen: 2 Zwiebeln • 1 große Möhre • 4 Selleriestangen • 3 EL Erdnussöl • ½ TL weißer Pfeffer (frisch geschrotet) • 1 Scotch-Bonnet-Chili • 1 EL Tomatenpüree • 2 gestrichene EL Erdnussbutter • 1 l Gemüse- oder Hühnerbrühe (heiß) • ½ TL Meersalzflocken • 1 Prise schwarzer Pfeffer

Zwiebeln, Möhre und 2 Selleriestangen in feine Würfel schneiden. Erdnussöl in einer großen beschichteten und schwerbödigen Pfanne bzw. einem entsprechenden Topf erhitzen. Zwiebel, Möhre und Sellerie sowie den weißen Pfeffer und die mit einem scharfen Messer eingestochene ganze Chili zugeben und bei mittlerer Hitze 15 Minuten köcheln. Dabei immer wieder umrühren. Nun das Tomatenpüree einrühren und 1 weitere Minute köcheln, ebenso mit der Erdnussbutter verfahren. Anschließend vorsichtig und unter stetem Rühren die Brühe angießen. Pfannen- bzw. Topfdeckel aufsetzen und 40 Minuten köcheln. Dabei ab und zu umrühren. Die Chili herausnehmen und die Suppe mit dem Handmixer 2 bis 3 Minuten leicht pürieren. Die beiden verbleibenden Selleriestängel schälen, halbieren, alle dicken Fasern entfernen und mit einem Sparschäler ein „Büschelende" schaffen. Je einen halben Stängel an den Rand einer Suppenschale lehnen und die Erdnusssuppe angießen. Mit Salzflocken und frisch geschrotetem schwarzem Pfeffer dekorieren.

Papayasalat

Sowohl die grüne Thai-Papaya als auch andere unreife Sorten dieser Frucht eignen sich als Basis für den Salat. Thais essen ihn gern zu Klebereis und Grillhähnchen.

Für 4 kleine Portionen: 200 g grüne Papaya • 2 lange Bohnen • 1 Tomate • 3 Knoblauchzehen • 10 kleine grüne Chilis • 2 EL getrocknete Shrimps • 2 EL Fischsauce • 2 EL Limettensaft • 1 TL Palmzucker • 2 EL geröstete Erdnüsse

Papaya(s) schälen und in dünne Streifen schneiden. Bohnen in ca. 2 cm lange Stücke schneiden, Tomate halbieren und die Hälften jeweils achteln. Knoblauchzehen schälen, mit den Chilis und Bohnenstückchen in einem Mörser grob zerstoßen. Papayastreifen hinzugeben und alles gemeinsam stampfen. Getrocknete Shrimps, Fischsauce, Limettensaft und Palmzucker mit dem Stößel unterrühren, bis der Zucker geschmolzen ist. Tomatenstücke hinzufügen und nochmals alles quetschen. Zum Schluss die Erdnüsse unterheben und alles nochmals gut durchmischen.

Möhrensalat mit Erdnüssen

Für 4 Portionen: 300 g Möhren • 300 g Weißkohl • 20 ml Essig • 200 g Schmand • 1 TL Kräutersalz • 150 g Ananasstücke • 150 g Erdnüsse (geröstet, gesalzen und evtl. pikant gewürzt)

Möhren schälen und in Stifte schneiden oder raspeln. Kohl ebenfalls raspeln. Mit Essig, Schmand und Salz vermengen. Zum Schluss Ananas und Erdnüsse zugeben. Statt das Gemüse zu raspeln, kann es auch in Mixer zerkleinert werden.

Thai-Fischküchlein

Die als Vorspeise beliebten *Tord Man Plaa* lassen sich gut einfrieren und können somit gleich in größeren Mengen zubereitet werden. Vor dem Verzehr sollten sie dann langsam aufgetaut und im Ofen erwärmt werden. Auf gleiche Weise lassen sich auch Shrimps-, Krabben-, Hühnchen- oder Schweinefleischküchlein zubereiten.

Für die Sauce: 6 EL Wasser • 6 EL Zucker • 1 EL Essig • 5 g (1 TL) Chilipulver • 2 EL geröstete und gehackte Erdnüsse • 30 g Salatgurke (in feine Streifen geschnitten)

Für ca. 40 Küchlein: 500 g Fischfilet (weiß) • 1 Ei • 8 lange Bohnen • 10 Kaffir-Limettenblätter • 4 EL rote Currypaste • 8 EL Tapioka-Mehl • 10 g Backpulver • 1 EL Palmzucker • 500 ml Öl

Für die Garnitur: 10 g frischer Koriander (gehackt)

Für die Sauce Wasser, Zucker und Essig in einer Pfanne leicht erwärmen, bis der Zucker geschmolzen ist. Anschließend etwa 5 Minuten aufkochen lassen. Bei ausgeschalteter Flamme (Platte) Chilipulver, Erdnüsse und Gurkenstreifen zugeben. Abkühlen lassen.

Fischfilets zerteilen und mit einer Gabel gut zerkleinern. Ei aufschlagen, Bohnen und Kaffir-Limettenblätter in feine Streifen schneiden. Alles in einer Schüssel mit Currypaste, Mehl, Backpulver, Zucker gut vermischen. Aus der Masse etwa 5 cm große, flache Küchlein formen. Öl in einem Wok erhitzen und die Küchlein portionsweise frittieren, bis sie goldbraun sind. Zum Trocken auf Küchenpapier legen.

Küchlein mit gehacktem Koriander garnieren. Die Sauce zu den noch heißen Küchlein als Dip servieren.

Boh Tai Chanh Banh Mi
Thailändisches Sandwich

Ob dieses thailändische Baguette-Sandwich von „Food & Travel" nur ein gehaltvoller Snack oder doch eine Hauptmahlzeit ist, entscheiden Sie selbst.

Für 4 Portionen: 800 g Rinderfilet • 6 Schalotten • 1 Handvoll gesalzene Erdnüsse • ausreichend Erdnussöl zum Frittieren • 2 Banh Mi (kleine Baguettes) • etwas Butter • je 1 Bund frisches Koriandergrün • Minze und Thai-Basilikum • 6 Krabbenchips (zerkleinert) • Sojasauce und Mayonnaise (optional)

Für die Marinade: Saft von 4 Limetten • 100 ml Fischsauce • 4 EL Palm- oder Kristallzucker • 3 Knoblauchzehen (zerdrückt) • 1 EL frischer Ingwer • 1–2 Thai-Chilis (in dünne Ringe geschnitten) • einige weitere Chilis

Rinderfilet für ca. 1 Stunde ins Tiefkühlfach legen, so lässt es sich später besser schneiden.

Für die Marinade Limettensaft, Fischsauce, Zucker und geschälte und zerdrückte Knoblauchzehen sowie den geschälten, geriebenen Ingwer und die Chili-Ringe gut miteinander vermischen, bis sich der Zucker aufgelöst hat. Rindfleisch gegen die Fasern mit einem scharfen Messer so dünn wie möglich aufschneiden. ¾ der Marinade über das Fleisch gießen und ca. 15 Minuten ziehen lassen.

Schalotten schälen und fein schneiden. Erdnüsse grob mörsern oder hacken. Öl in einem Topf erhitzen (ca. 135 °C) und die Schalotten darin ca. 5–10 Minuten frittieren, bis sie Farbe angenommen haben. Herausnehmen, Hitze auf 180 °C steigern und die Schalotten nochmals einige Sekunden frittieren, bis sie schön knusprig sind. Rindfleisch aus der Marinade nehmen, abtropfen lassen. Dabei die Marinade auffangen. Baguettes aufschneiden, etwas aushöhlen und in jeweils zwei Hälften teilen. Im Ofen oder im Toaster kurz knusprig aufbacken. Unterseite der vier Baguettestücke leicht buttern und großzügig mit den frischen, gewaschenen und abgetrockneten Kräutern belegen. Rindfleischscheiben bzw. -streifen darauf verteilen, mit Kräutern bedecken und mit etwas Marinade beträufeln. Erdnüsse, frittierte Schalotten, zerstoßene Krabbenchips sowie extra Chilis (und optional Sojasauce und Mayonnaise) darübergeben. Die Oberseiten der Baguette-Hälften aufsetzen.

Sambischer Spinat

Ifsisashi heißt diese beliebte Beilage zum Grundnahrungsmittel Nshima (Maismehlbrei) in der in Sambia weitverbreiteten Sprache des Bemba-Stammes.

Für 4 Portionen: 450 g Spinat (evtl. auch TK-Ware) oder andere (Blatt)-Gemüse • 1 EL Raps- • Erdnuss- oder anderes Pflanzenöl • 1 EL Olivenöl • ½ Zwiebel (fein gehackt) • ½ Tomate (gewürfelt) • 1 TL Backpulver • 1 Tasse frische Erdnüsse (leicht gestampft; alternativ: die gleiche Menge Erdnussbutter) • Salz • Cayennepfeffer

Spinat waschen und trocken schleudern (TK-Ware auftauen und abtropfen lassen). Zwiebel in heißem Öl (beide Sorten) glasig dünsten. Tomatenwürfel zugeben und etwa 1 Minute rühren. Backpulver einrieseln lassen und die Hälfte der Erdnüsse unterheben, bis eine Art Paste entsteht. Nun den Spinat hinzugeben und weiterrühren, bis die Erdnüsse gut mit dem Spinat verbunden sind. Die restlichen Erdnüsse hinzugeben und stetig weiterrühren. Mit Salz abschmecken, ¼ Tasse Wasser angießen und 15–25 Minuten simmern lassen, bis die Erdnüsse gekocht sind. Nach ca. 10 Minuten nach Belieben mit Cayennepfeffer würzen.

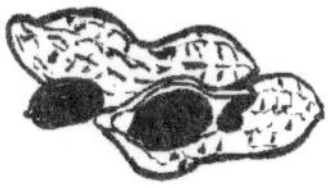

Käse-Erdnuss-Taler

100 g weiche Butter • 3 gehäufte EL Erdnussbutter • 1 Ei • 1 TL Senf • 1 Prise Salz • 250 g Mehl • 100 g mittelalter Gouda (gerieben)

Zum Bestreichen: 1 Ei • Mohn • Sesam • geriebener Käse • Erdnüsse (fein gehackt)

Butter, Erdnussbutter und Ei schaumig rühren, Senf und Salz zugeben und nach und nach das Mehl unterkneten. Teig zu einer Kugel formen, halbieren und zwei Rollen drehen. Auf ein Brettchen legen, in Folie wickeln und eine Stunde im Kühlschrank ruhen lassen.

Den Ofen auf 190 °C Ober-/Unterhitze vorheizen. Rollen in ½ cm dicke Scheiben schneiden und auf das mit Backpapier belegte Backblech legen. Das Ei in eine Tasse aufschlagen, verquirlen und die Taler mit der Ei-Masse bestreichen. Nach Geschmack mit Mohn, Sesam, Käse oder Erdnüssen bestreuen und auf der mittleren Schiene etwa 15 Minuten backen.

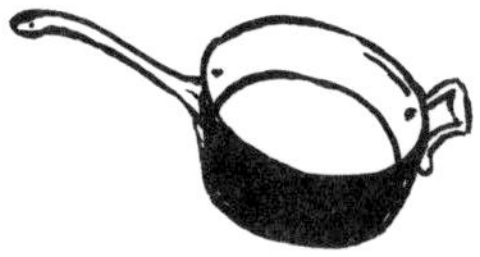

Kürbispüree

Eines der Rezepte, die die FAO (*Food and Agriculture Organization* der Vereinten Nationen) gegen den Hunger vor allem in afrikanischen Ländern entwickelt hat.

Für 4–6 Portionen: 1 Kürbis (mittlere Größe, geschält, entkernt und in Stücke geschnitten) • ½ TL Salz (und etwas für das Kochwasser) • 3 Tassen Maismehl • 1½ Tassen frische Erdnusskerne (alternativ: 3 EL Erdnussbutter)

Kürbisstücke in Salzwasser weich kochen, bis dieses fast gänzlich verdampft ist. Im Topf mit etwas verbliebenem Kochwasser zu einem flüssigen Püree zerdrücken. Maismehl zugeben und 30 Minuten köcheln. Dabei ab und zu umrühren. Erdnüsse oder Erdnussbutter zugeben mit Salz würzen.

Maffé

Gemüseeintopf aus dem Senegal

Eine vegetarische Variante des Lieblingsgerichts der Senegalesen. Sie geben gern noch deutlich mehr Erdnussbutter zu der Gemüsemischung. In vielen anderen afrikanischen Ländern ist Maffé auch verbreitet, zum Beispiel mit Huhn.

Für 4 Portionen: 250 g Kohlrabi • 250 g Möhren • 400 g (Süß-)Kartoffeln • 2 kleine Zwiebeln (ca. 100 g) • 2 Knoblauchzehen • 2 EL Erdnussöl • 1 EL Currypulver • 2–4 EL Erdnussbutter • 1 EL Tomatenmark • 2 EL Sojasauce • 350 ml Gemüsebrühe • Salz • Pfeffer • 2 Msp. Chilipulver

Gemüse putzen, schälen und in mundgerechte Stücke schneiden. Zwiebeln schälen und in Ringe schneiden.

Knoblauchzehen schälen, mit dem Messerrücken kurz andrücken und klein hacken.

In einem großen Topf das Öl erhitzen und das Currypulver kurz anbraten, dann Zwiebeln und Knoblauch zugeben und glasig dünsten. Anschließend Gemüse zugeben und kurz mit anbraten. Erdnussbutter, Tomatenmark, Sojasauce zugeben und mit Gemüsebrühe ablöschen. Kurz aufkochen lassen, zudecken und bei reduzierter Hitze 20–30 Minuten köcheln (das Gemüse sollte noch Biss haben). Ab und zu umrühren. Zum Schluss mit Salz, Pfeffer und Chili abschmecken. Dazu wird im Senegal üblicherweise Reis gegessen, Fladenbrot passt aber auch.

Mangold mit Erdnüssen

Für ca. 4 Portionen: 500 g Mangold • 1 rote Zwiebel • 2 Knoblauchzehen • 1 Handvoll Champignons • 6 EL Erdnussöl • 2 EL helle Sojasauce • Saft einer halben Limette • Salz • Pfeffer • 2 EL Koriandergrün • 2 EL Erdnüsse (zerkleinert)

Mangold waschen und trocken schleudern. Die dunkelgrünen Blätter von den hellen Strünken mit einem Messer trennen und beide in schmale Streifen schneiden. Zwiebel schälen und hacken, Knoblauch schälen und in Scheiben schneiden. Anschließend die Champignons klein schneiden. Einen Wok auf dem Herd vorheizen. In 2–3 EL heißem Erdnussöl zuerst die härteren Mangoldstiele samt Zwiebeln und Knoblauch anbraten, später die grünen Blätter mit den Pilzen dazugeben.

Wok vom Herd nehmen, Gemüse mit Sojasauce und Limettensaft beträufeln, mit Salz und Pfeffer abschmecken, restliches Erdnussöl zugeben und alles nochmals gut durchmischen. Vor dem Servieren mit frisch gehacktem Koriandergrün und den Erdnüssen dekorieren.

Matapa
Mosambikanischer Spinat

Matapa in allen möglichen Varianten ist so etwas wie das Grundnahrungsmittel der bäuerlichen Bevölkerung Mosambiks. An der Küste oft mit Fisch oder Shrimps (meist getrocknet), in der Nordprovinz Quelimane oft mit Kokosmilch und oft auch mit Papayas oder Mangos gemischt. Dazu passt immer Reis. In Mosambik serviert man Matapa auch mit Xima (Maisbrei). Brasilien kennt ein Gericht unter einem ähnlichen Namen: Vatapa; es enthält jedoch kein Gemüse, sondern Weißbrot, Zwiebeln, Petersilie, Ingwer und frischen Koriander.

Für 4–6 Portionen: 500 g Maniok- oder Mangold- bzw. Spinatblätter • 6 Knoblauchzehen (gehackt) • etwas Salz • ca. 300 g getrocknete Shrimps (ohne Kopf und etwas zerkleinert) • Milch zweier Kokosnüsse • 125 g Erdnussmehl (ganz fein gemahlene Erdnüsse) • 4 große Chilischoten • evtl. etwas Wasser

Gemüseblätter waschen, etwas abtropfen lassen und zusammen mit dem Knoblauch stampfen (oder in einen Mixer geben). Anschließend in einer fettfreien Pfanne erhitzen und salzen. (Bei Verwendung von Spinat oder Mangold die Blätter klein schneiden und in etwas Wasser andünsten; bei TK-Spinat braucht es kein zusätzliches Wasser). Wenn alle Blattflüssigkeit verdampft ist, die Kokosmilch angießen. Aufkochen lassen, Erdnussmehl und klein geschnittene Chilischoten zugeben und 1 Stunde köcheln lassen.

Sautierte Crevetten-Nudeln

Für 4 Portionen: 400 g chinesische Nudeln • 20 große Crevetten (evtl. auch tiefgekühlt) • 2 Eier • 2 Knoblauchzehen • 1 Limette • frischer Koriander • 4 EL neutrales Öl /Pflanzenöl • 1 EL Sojasauce • 1 EL Nuoc Mam (Fischsauce) • 1 EL Rohrzucker (brauner Zucker) • 40 g Erdnüsse • Piment (gemahlen)

Nudeln in sehr heißes (nicht kochendes!) Wasser geben und zugedeckt bei ausgeschaltetem Herd ausdampfen lassen. Mit einer Gabel oder Stäbchen trennen, falls sie zusammenklumpen. Nach der Garzeit mit kaltem Wasser abspülen, durch ein Sieb abgießen, beiseitestellen.

Crevetten wenn nötig auftauen, Schalen entfernen, unter fließendem Wasser säubern. Trocknen und beiseitestellen. Eier schaumig aufschlagen, Knoblauch schälen und in dünne Scheiben schneiden. Limette auspressen, Koriander waschen, trocken schleudern und klein schneiden.

In einer Pfanne oder einem Wok den Knoblauch etwa 3 Minuten in heißem Öl anbraten, Crevetten hinzugeben, ebenfalls 3 Minuten braten, Eier zufügen und die Mischung unter Rühren mit einem Holzspatel weiterbraten. Zuletzt die Nudeln zugeben, mit Limettensaft, Sojasauce, Nuoc Mam und Rohrzucker würzen, weitere 5 Minuten braten.

Zum Servieren portionsweise auf (tiefe) Teller geben und mit Erdnüssen und Koriandergrün dekorieren. Je nach Geschmack mit Piment bepudern.

Seeteufel in Tsire-Hülle

Für dieses traditionelle Gericht von den Küsten Ghanas eignen sich als Basis auch andere weißfleischige Meeresfische. Die Panade kann auch gleich in größerer Menge hergestellt werden; sie eignet sich auch für Grillgut oder zum Braten, als Brotaufstrich, Saucenbestandteil oder mit Öl vermischt als Würze und lässt sich in einem luftdichten Behälter einige Wochen im Kühlschrank aufbewahren.

Für 6 Portionen: 6 Seeteufelfilets (à ca. 200 g) • Olivenöl

Für das Tsire: 100 g frische Erdnüsse • 1 Zimtstange • ⅓ TL Pimentpulver • 8 Gewürznelken • 1 TL Chilipulver • ½ TL Ingwerpulver • ⅓ TL frisch geriebene Muskatnuss • ½ TL Salz

Erdnüsse in einer Pfanne bei mittlerer Hitze ohne Öl unter häufigen Rühren goldbraun rösten. Herausnehmen und abkühlen lassen. Nun Zimt, Piment und Nelken anrösten. Wenn sie beginnen, ihr Aroma zu entfalten, vom Herd nehmen und im Mörser zerstoßen (alternativ: in einer elektrischen Mühle mahlen). Geröstete Gewürze, Erdnüsse und alle anderen Zutaten in einem Mixer vermengen, bis die Nüsse klein gehackt sind.

Den Backofen auf 190 °C (Ober-/Unterhitze) vorheizen. Fischfilets von beiden Seiten mit Olivenöl bepinseln und dick mit Tsire panieren. Auf ein Backblech legen, nochmals mit Olivenöl beträufeln und ca. 20 Minuten auf mittlerer Schiene backen.

Fisch à la Flora

Ein Rezept aus der Region Maputo. Es ist sehr gehaltvoll. Ersetzt man die gemahlenen Erdnüsse durch „Erdnussmilch“ (siehe S. 48), wird es feiner.

Für 4–6 Portionen: 1,5 kg frische Shrimps • 4 EL Weißwein • 3 EL Zitronensaft • 3 EL gelbes Currypulver • 1 Lorbeerblatt • ausreichend Öl • 1 kg frischer Fisch (z.B. Red Snapper, Zackenbarsch oder Barrakuda) • Salz • 500 g Erdnussmehl • Milch von 4 frischen Kokosnüssen (ca. 2 l)

Shrimps schälen und mit Weißwein, Zitronensaft, Currypulver und Lorbeerblatt 1 Stunde marinieren. Anschließend etwa 10 Minuten in etwas Öl sautieren. (Marinade aufbewahren.) Fisch in Filets schneiden, salzen und in Öl frittieren. In einer Schüssel Erdnussmehl mit etwa 2 l Kokosmilch mischen und auf kleiner Flamme unter stetigem Rühren köcheln, salzen, und sobald die Mischung etwas andickt, Fisch und Shrimps (samt ihrer Sauce aus der Marinade) zugeben. Weitere 10 Minuten köcheln lassen.

Zucchini-Pfanne mit Räucherlachs

Fundstück auf „piratageculinaire.com“.

Für 2 Portionen: 2 große Zucchini • 4 Scheiben Räucherlachs • 4 EL Sojasauce • 1 EL flüssiger Honig • 50 g Erdnüsse • 2 EL Olivenöl • 1 EL Sesamkörner • schwarzer Pfeffer aus der Mühle

Zucchini waschen, trocknen und in Scheiben schneiden (Endstücke entfernen). Lachs in Streifen schneiden. In einer Schale Sojasauce mit dem Honig vermengen. Erdnüsse grob hacken oder zerstoßen/mörsern.

In einer Pfanne mit heißem Olivenöl Zucchini etwa 2 Minuten anbraten, Temperatur drosseln und weitere 5 Minuten braten. Soja-Honig-Mischung hinzugießen und gut unterheben. Danach den Sesam untermischen und die Lachsstreifen einlegen. Ebenfalls sorgfältig unterheben und noch etwa 2–3 Minuten braten. Portionen auf vorgewärmte Teller verteilen, mit Erdnüssen bestreuen und mit etwas frisch gemahlenem Pfeffer würzen.

Gebratener Fisch mit Erdnuss-Chili-Reis

Für 4 Portionen: 1 dicke Stange Lauch • 150 g Austernpilze • 2 dicke Möhren • 2 Chilischoten • 3 EL neutrales Öl • 300 g Basmatireis (alternativ: Duftreis) • 700 ml Gemüsebrühe (alternativ: Fischfond) • 100 g Erdnüsse (geröstet) • 8–12 Rotbarbenfilets (etwa 600 g; alternativ: Sardinen ohne Mittelgräte, Scholle oder Knurrhahn) • 2 EL Limettensaft • Salz • Basilikum- oder Korianderblättchen zum Bestreuen

Lauch putzen, längs aufschlitzen und gut waschen, auch zwischen den Blättern. Quer in 6–7 cm lange Stücke schneiden, dann längs in feine Streifen. Austernpilze mit Küchenpapier abreiben, Stiele entfernen. Pilze in Streifen schneiden. Möhren schälen und der Länge nach in dünne Scheiben, dann ebenfalls in Streifen schneiden. Chilischoten waschen und mit den Kernen in feine Ringe schneiden.

1 EL Öl in einem Topf erhitzen. Gemüse, Pilze und Chilis darin bei starker Hitze kurz andünsten. Reis waschen und unterrühren. Mit der Brühe/dem Fischfond aufgießen. Hitze reduzieren, Deckel auflegen und die Reismischung ungefähr 15 Minuten garen, bis die Reiskörner weich sind.

Zwischenzeitlich Erdnusskerne fein hacken. Fischfilets mit Limettensaft beträufeln und salzen. Übriges Öl in einer Pfanne heiß werden lassen. Fischfilets mit der Haut nach unten in die Pfanne legen und 2–3 Minuten bei starker Hitze braten. Umdrehen und nur noch ein paar Sekunden braten. Den Reis mit Salz würzen und auf Tellern oder einer Platte verteilen. Die Fische darauflegen, Erdnüsse und Kräuter darüberstreuen.

Chiang Mai Curry

Eigentlich wird dieses Gericht mit Schweinfleisch zubereitet, aber dieses braucht recht lange, um weich zu werden. Daher erfand unsere Köchin Ariya in der Nähe von Chiang Mai die schnellere Variante mit Huhn.

Für 4 Portionen: 500 g Hühnerbrust (in ca. 2x2 cm großen Stücken) • 3 EL rote Currypaste • 2 EL Fischsauce • 2 EL Palmzucker • 1 TL Currypulver (aus pulverisiertem Kreuzkümmel, Kurkuma, Koriandersamen, Macis zu gleichen Teilen) • 4 EL Öl • 500 ml Wasser • 3 EL Erdnüsse (dunkel geröstet) • 30 g Ingwer (geschält und klein gewürfelt) • 3 EL Tamarindensaft

Hühnerstücke mit Currypaste, Fischsauce, Palmzucker und Currypulver in eine Schüssel geben, alles gut vermischen und mindestens 20 Minuten, besser noch über Nacht marinieren lassen.

Öl im Wok erhitzen und die Hühnerstücke samt Marinade braten, bis sie außen weiß sind. Wasser angießen und alles zum Kochen bringen. Anschließend die Erdnüsse, den Ingwer und den Tamarindensaft zugeben und das Curry ca. 15 Minuten köcheln, bis die Sauce andickt. Eventuell während des Simmerns noch Wasser zugeben.

Erdnusscurry

Ein eher städtisches Rezept aus Mosambik, das nicht nur mit Huhn, sondern auch mit Fisch, Shrimps, Rind- oder Ziegenfleisch zubereitet werden kann. Allerdings sollte das Fleisch dann ein wenig vorgekocht werden.

Für 4–6 Portionen: 3 Tassen Erdnüsse • 2 l Wasser • 3 Tomaten (geachtelt) • 2 Zwiebeln (in Scheiben) • 1 TL Salz • 1 Huhn

Erdnüsse für 1 Stunde einweichen, in einem Sieb abtropfen lassen und anschließend grob zerstampfen. Das Wasser zugeben und so lange passieren (oder in einen Blender geben), bis etwa 2 l *Erdnussmilch* entstanden sind. Diese in einem Topf unter stetem Rühren zum Kochen bringen. Tomaten, Zwiebel und Salz hinzugeben. Das Huhn in Stücke schneiden und ebenfalls zugeben. Alles noch eine Stunde köcheln lassen. Möglichst heiß servieren.

Thai-Rind mit Erdnüssen

Für 6 Portionen: 4 Stück Rindfleisch (Querrippe) • 2 gehäufte EL Erdnussbutter • 2 TL dunkle Sojasauce • 2 TL süße Sojasauce • 2 TL Rohrzucker • frisch geschroteter schwarzer Pfeffer • Salz • neutrales Öl zum Anbraten • 4–5 Tropfen Tabasco • Schnittlauch • 1 Handvoll Erdnüsse (grob zerstoßen) • Koriander • Saft von 1–2 Limetten

Rindfleisch in Streifen schneiden. Eine Pfanne erhitzen und darin die Erdnussbutter mit den Sojasaucen, dem Rohrzucker und etwas Pfeffer schmelzen. Sauce beiseitestellen.

Fleisch salzen und pfeffern, in etwas Öl auf beiden Seiten je 4–5 Minuten anbraten. Die Erdnussbutter-Soja-Sauce dazugeben, mit Tabasco würzen und unter Rühren etwas eindicken lassen (1–2 Minuten). Zum Servieren mit Erdnüssen und Kräutern bestreuen und etwas Limettensaft über jede Portion träufeln. Dazu reicht man Reis – eventuell angereichert mit Knoblauch und geraspelter Zucchini.

Erdnuss-Punsch

Beim traditionellen Weihnachtsfest auf den Antillen darf der *punch cacahuète* keinesfalls fehlen!

Für ca. 2 Liter: 200–250 g Erdnüsse (mit Schale) • 150 g Rohrzucker • 200 ml Wasser • 1 Büchse gezuckerte Kondensmilch (ca. 400 g) • 1 Büchse ungezuckerte Kondensmilch (ca. 400 g) • 1 l weißer Rum • 1 Vanilleschote • 1 TL Zimt (gemahlen) • 1 Prise Muskatnuss (gemahlen)

Erdnüsse aus ihrer Schale brechen, häuten und in einer beschichteten heißen Pfanne unter gelegentlichem Rühren rösten.

Zucker in einem Topf mit dem Wasser unter gelegentlichem Rühren schmelzen lassen, bis er eine sirupartige Konsistenz erhält.

Erdnüsse mit der gezuckerten und der Hälfte der ungezuckerten Kondensmilch in einem Mixer zu einer weichen Paste verarbeiten.

50 ml des Rums in einem Topf erhitzen (nicht kochen lassen!) und die Erdnusspaste mit einem Holzspatel unterheben. 2 Minuten unter Rühren weiterköcheln. Topf vom Herd nehmen, Vanilleschote auskratzen und das Mark hinzugeben, ebenso Zimt und Muskat.

Restlichen Rum angießen. Falls das Ergebnis zu dickflüssig ist, den Rest der ungezuckerten Kondensmilch zugeben. Mit einer beliebigen Menge des Zuckersirups süßen. Abkühlen lassen und in eine gut verschließbare große Flasche oder ein ähnliches Gefäß geben und 10 Tage bei Zimmertemperatur ruhen lassen. Täglich schütteln bzw. umrühren. Am Ende der Ruhezeit nochmals aufschütteln/umrühren und den Punch durch ein feines Sieb passieren.

Amendoim Doce
Gebrannte Erdnüsse

Gebrannte Erdnüsse werden in Brasilien gern als süßer Snack geknabbert; sie eignen sich aber auch als Deko für Gebäck oder zum Füllen von selbstgemachten Pralinen.

Für 4 Portionen: 2 Tassen Erdnüsse (möglichst frisch) • 2 Tassen Zucker • 1 Tasse Wasser

Alle Zutaten in einen Topf geben, aufkochen lassen und auf mittlerer Hitze unter stetem Rühren weiterköcheln. Wenn der Zucker an den Erdnüssen zu haften beginnt und der Topfboden sichtbar wird, so lange weiterrühren, bis das Wasser ganz verdunstet ist und die Erdnüsse ganz mit Zucker umhüllt sind. Dann auf einem großen Backblech verteilen und abkühlen lassen.

Erdnussbutter-Eis mit Schokostückchen

Ein Rezept der US-amerikanischen Kunsthistorikerin und Eismanufaktur-Gründerin Jeni Britton Bauer aus ihrem Buch „Das beste Eis der Welt“.

450 ml Vollmilch • 2 EL Speisestärke • 40 g Frischkäse (alternativ: Quark mit mind. 40 % Fett oder Crème fraîche) • 180 g cremige Erdnussbutter (am besten ohne Salz. ansonsten das zusätzliche Salz weglassen) • 1 gute Prise Meersalz • 300 g Sahne • 150 g Zucker • 2 EL Glukosesirup (oder selbstgemachter Zuckersirup) • 2 EL Honig • 110 g Bitterschokolade (mind. 55 % Kakaogehalt, gehackt)

In einer kleinen Schüssel etwas Milch mit der Speisestärke glatt rühren. In einer großen Schüssel den Frischkäse mit der Erdnussbutter (und dem Salz) verrühren. Restliche Milch, Sahne, Zucker, Glukosesirup und Honig in einem mittelgroßen Topf aufkochen und 4 Minuten sprudelnd kochen lassen. Vom Herd nehmen und die Stärkemischung einrühren. Wieder aufkochen und etwa 1 Minute kochen lassen, die Masse dickt etwas ein. Die Milch-Sahne-Mischung nach und nach zur Erdnussbutter-Frischkäse-Mischung geben und glatt rühren.

Die Eismasse im Kühlschrank erkalten lassen. Anschließend in der Eismaschine nach den Herstellerangaben gefrieren lassen. In der Zwischenzeit die Schokolade über dem Wasserbad schmelzen, dann abkühlen lassen. Die Schokolade sollte aber trotzdem noch flüssig sein. Wenn das Eis fast fertig, d.h. schon recht fest ist, die Schokolade in einem dünnen Strahl einträufeln. Sie wird im Eis fest und zerbricht in unterschiedlich große Stücke.

Das Eis in eine Box füllen, fest verschließen und im Gefrierschrank aufbewahren. 5 Minuten vor dem Verzehr aus dem Eisfach nehmen.

Peanut Brittle
Erdnusskonfekt

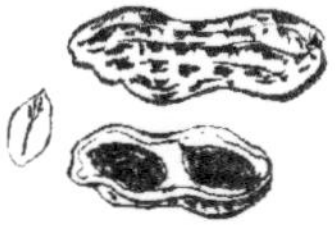

In den USA ist *peanut brittle* eine traditionelle kleine Leckerei, vor allem zur Weihnachtszeit, die gern auch an Freunde, Nachbarn und Kollegen verschenkt wird.

Für ca. 30 Stückchen: 125–150 ml Ahornsirup (oder amerikanischer heller Sirup) • 200 g Zucker • 250 g Erdnüsse (frisch oder geröstet) • 1 EL Butter • 1 TL Natron • 1 Prise Salz (optional)

Ahornsirup, Zucker und Erdnüsse in einen kleinen Topf geben. Alles unter Rühren aufkochen und etwa 2 Minuten bei mittlerer Hitze dicklich einköcheln lassen. Vom Herd nehmen und die Butter unterheben. Zuletzt Natron gut unterrühren. Die Masse beginnt nun etwas zu schäumen und milchig-trüb zu werden. Die Brittle-Masse auf ein mit Backpapier ausgelegtes Blech streichen, evtl. mit 1 Prise Salz würzen. Nach dem Erkalten in Stückchen brechen und in gut schließenden Dosen aufbewahren.

Erdnuss-Baos
Süße Teigtaschen aus Malaysia

Für 4 Portionen: 200 g Mehl • 1 TL Trockenhefe • 1 TL Zucker • 140 ml Wasser • 35 g Puderzucker • 1 TL Backpulver • 30 g Pflanzenöl (z.B. Sonnenblume und etwas zum Braten)
Für die Füllung: 125 g Erdnüsse • 40 g brauner Zucker • 15 g Sesam • 30 g Erdnussbutter

25 g Mehl mit der Hefe, Zucker und 40 ml warmem Wasser mischen und 30 Minuten gehen lassen. Dann das restliche Mehl, Puderzucker, Backpulver, Öl und die verbliebenen 100 ml Wasser hinzugeben, zu einem Teig kneten (eventuell noch etwas Mehl hinzufügen, wenn der Teig zu nass ist) und wieder 20 Minuten ruhen lassen. Für die Füllung die Erdnüsse in einer heißen, beschichteten Pfanne unter mehrmaligem Wenden rösten und nach dem Abkühlen klein hacken. Anschließend mit braunem Zucker, Sesam und Erdnussbutter vermischen. Den Bao-Teig in acht gleich große Stücke teilen, jeweils mit ca. 2 EL Erdnussmischung füllen, verschließen und zu 1,5–2 cm dicken Scheiben mit ca. 8 cm Durchmesser formen. Nochmals 20 Minuten ruhen lassen und dann in heißem Öl auf beiden Seiten goldbraun braten.

Schoko-Erdnussbutter-Cremetörtchen

Für 5 Kuchen à 15 cm Durchmesser: Für den Teig: 140 g Butter (weich) • 250 g Zucker • 1 Pck. Vanillezucker • 2 Eier • 1 TL starker Kaffee • 220 g Mehl • 1 EL Backpulver • 60 g Kakaopulver • 1 TL Natron • 210 ml Buttermilch (oder Saure Sahne) • 60 g Erdnüsse
Für die Erdnussbutter-Creme: 120 g Butter (weich) • 250 g Erdnussbutter • 250 g Puderzucker • 2 EL Sahne oder Milch

Für die Erdnussbutter-Mousse: 120 g Frischkäse • 150 g Erdnussbutter • 60 g Puderzucker • 1 EL Sahne oder Milch • 60 ml Sahne zum Schlagen
Für die Ganache: 50 g dunkle Schokolade • 50 ml Sahne • 1 EL Honig

Backofen auf 180 °C Ober-/Unterhitze vorheizen. Für die Kuchen Butter mit Zucker und Vanillezucker verrühren, bis eine helle, cremige Masse entsteht. Nach und nach aufgeschlagene Eier und Kaffee zugeben. Mehl, Backpulver, Kakao und Natron vermengen und abwechselnd mit der Buttermilch zur Teigmasse geben. Alles gut vermischen und in fünf gebutterte Formen (à 15 cm Durchmesser) geben (oder in eine solche Form fünfmal nacheinander). Ca. 20 Min uten backen (evtl. Stäbchentest machen: einstechen, herausziehen – klebt kein Teig mehr am Stäbchen, ist der Kuchen fertig).

Für die Buttercreme Butter und Erdnussbutter vermischen. 250 g Puderzucker einsieben und alles zu einer festen Creme rühren; Sahne oder Milch angießen, bis die Masse eine streichbare Konsistenz hat.

Für die Mousse den Frischkäse mit der Erdnussbutter zu einer cremigen Masse rühren. Puderzucker einsieben und die glatte Creme mit 1 EL Sahne anreichern. Restliche Sahne steif schlagen und unter die Erdnussbutter-Frischkäse-Masse heben.

Für die Ganache Schokolade in feine Stücke hacken, 50 ml Sahne mit dem Honig vorsichtig erhitzen und über die Schokolade gießen. Zu einer glänzenden flüssigen Masse verrühren.

Zum Zusammensetzen auf den ersten Kuchen einen Rand Erdnussbutter-Creme streichen und die Mitte mit der Mousse auffüllen. Zweiten Kuchenboden aufsetzen und ebenso verfahren. Wiederholen, bis der fünfte Boden aufgesetzt ist. Nun das Törtchen mit der restlichen Buttercreme bestreichen und für mindestens 30 Minuten in den Kühlschrank stellen. Danach evtl. noch eine zweite Schicht Buttercreme auftragen und erneut kühlen. Zwischenzeitlich die Erdnüsse hacken. Zum Schluss die warme Ganache mit einem Löffel in der Mitte des Törtchens angießen, und wenn sie leicht abgekühlt ist, mit den gehackten Erdnüssen bestreuen.

Muffins mit Erdnussbutter und Karamell

Ein Rezept aus Tunesien.

Für 6 Stück: 150 g Mehl • 70 g Zucker • ½ Päckchen Trockenhefe • 1 Ei • 150 ml ungezuckerte Kondensmilch • 1 gehäufter EL feine Erdnussbutter (ohne Stückchen und etwas zum Fetten der Formen)
Für den Karamell: 35 g Erdnüsse • 30 ml ungezuckerte Kondensmilch • 35 g Zucker • 1½ EL Wasser

Den Backofen auf 180 °C Ober-/Unterhitze vorheizen. Mehl, Zucker und Hefe in einer Schüssel vermengen. In einer zweiten Schüssel das Ei mit Milch und Erdnussbutter zu einer homogenen Masse aufschlagen und zu dem Mehl-Zucker-Gemisch geben. Nur leicht unterheben; Klümpchen sind kein Problem, sondern sogar erwünscht. Teigmasse in eingefettete Muffin-Förmchen geben und ca. 15 Minuten backen.

Zwischenzeitlich die Erdnüsse grob hacken und die Kondensmilch leicht erwärmen. Zucker und Wasser in einem Topf erhitzen und einen hellen Karamell herstellen. Milch zugeben und gut mischen. Zum Schluss die gehackten Erdnüsse unterziehen. Den Erdnuss-Karamell noch warm über die fertigen Muffins gießen.

Erdnuss-Hafer-Kekse

Für ca. 55 Stück: 125 g Butter (weich) • 75 g brauner Zucker • 1 Vanilleschote (Mark ausgekratzt) • 125 g kernige Haferflocken • 75 g Weizen-Vollkornmehl • 1 TL Backpulver • 100 g Erdnüsse

Backofen auf 180 °C (Umluft 160 °C) vorheizen. Butter, Zucker und Vanillemark mit den Quirlen des Handrührers cremig schlagen. Haferflocken, Mehl und Backpulver unterrühren. Erdnusskerne evtl. grob hacken und mit einem Teigschaber unterheben. Mit zwei Teelöffeln kleine Häufchen auf mit Backpapier ausgelegte Backbleche geben. Im Ofen 10–15 Minuten backen. Auf einem Kuchengitter erkalten lassen und in einer gut schließenden Dose aufheben.

Erdnuss-Röllchen

Für ca. 20–25 Stück:
Für die Füllung: 500 g Erdnüsse • 250 g Zucker • 2 EL Orangenblütenwasser • 20 g Butter (weich) • 1 Eigelb
Für den Teig: 500 g Mehl • 1 EL Puderzucker • 20 g Butter (weich) • 1 Ei • 6 EL Orangenblütenwasser • 1 Prise Salz • 120 ml Wasser
Zur Fertigstellung: 1 Eiweiß • 150 g Erdnüsse (gehackt)

Backofen auf 180 °C Ober-/Unterhitze vorheizen.
Für die Füllung Erdnüsse mit dem Zucker, Orangenblütenwasser, Butter und Eigelb zu einer homogenen Masse vermischen.

Für den Teig Mehl, Puderzucker, Butter, Ei, 6 EL Orangenblütenwasser und Prise Salz vermischen. Wasser zugeben und alles gut durchkneten (ca. 15–20 Minuten). Anschließend etwa 2 mm dünn ausrollen und Rechtecke von ca. 20x4 cm ausschneiden. In die Mitte eines jeden Rechtecks einen wulstförmigen Klecks Erdnussfüllung setzen und den Teig aufrollen. Die beiden Röllchen-Enden in Eiweiß und gehackte Erdnüsse stippen, auf ein gebuttertes oder mit Backpapier belegtes Backblech setzen und im Ofen ca. 15 Minuten backen.

Apfel-Gläschen

Für 4 Portionen: 2 große, feste Äpfel (säuerlich) • 50 g Butter • 4 EL Rüben- oder Rohrzucker • 80 g gesalzene Erdnüsse • 100 g Crème fraîche • 100 g Schokoladenfondant

Äpfel schälen, entkernen und in kleine Würfel schneiden. Butter in einer Pfanne schmelzen und die Apfelstücke 5 Minuten unter Wenden golden werden lassen. Zucker zugeben, gut mischen und weitere 2 Minuten köcheln. Abkühlen lassen. Zwischenzeitlich die Erdnüsse klein hacken und anschließend unter die Apfelstückchen heben. Alles in 4 kleine Gläschen verteilen und diese in den Kühlschrank stellen. Vor dem Servieren Crème fraîche in einem Topf erhitzen (nicht aufkochen lassen!), Schokolade zugeben und gut unterrühren. Den noch heißen Fondant über die kalte Apfel-Erdnuss-Mischung gießen.

Moelleux à la cacahuète
Schoko-Erdnuss-Küchlein

Dieses kleine, weiche französische Gebäck passt wunderbar zu einer guten Tasse Kaffee. Es gibt spezielle Formbleche dafür; alternativ können auch Mini-Muffin-Bleche oder Ähnliches verwendet werden.

Für ca. 48 Stück: 120 g Milchschokolade • 120 g Erdnussbutter • 2 Eier • 100 g grober Streuzucker • 80 g Fromage blanc (alternativ: cremiger Quark) • 80 g Mehl • 24 Erdnusskerne

Backofen auf ca. 180 °C Ober-/Unterhitze vorheizen. Schokolade im Wasserbad oder in der Mikrowelle schmelzen und die Erdnussbutter zugeben. Eier mit dem Zucker aufschlagen, bis die Masse fast weiß ist, dann den Fromage blanc unterziehen. Schokoladen-Erdnussbutter-Mischung ebenfalls unterrühren und zum Schluss das Mehl mit einem Spatel unterheben. Die Masse in einen Spritzbeutel füllen. Ein Mini-Muffin-Formblech (oder andere kleinteilige Backformen) zu jeweils ¾ mit dem Teig füllen und mit je einem halben Erdnusskern verzieren. Auf der mittleren Schiene 10 Minuten backen.

Erdnuss-Kokos-Ghoriba

Ghoriba sind kleine Kekse in Kugelform. Ein marokkanisches Rezept von Nadia aus ihrem Blog „Paprikas".

Für 6 Portionen: 250 g geröstete Erdnüsse • 25 g Kokosflocken • 250 g grober Streuzucker • 2 TL Trockenhefe • 3 Eier • 50 ml Butter (geschmolzen) • 1 TL Aprikosenkonfitüre • 100 g Puderzucker • 3 EL Orangenblütenwasser

Backofen auf 180 °C Ober-/Unterhitze vorheizen. Die gerösteten Erdnüsse zu einem feinen Pulver stampfen und mit Kokosflocken, Streuzucker und Hefe in einer Schüssel vermischen. In der Mitte eine Kuhle schaffen und die aufgeschlagen Eier sowie geschmolzene Butter und die Aprikosenkonfitüre hineingeben. Alles gut vermischen und zu einem homogenen Teig verkneten.

Puderzucker auf einen flachen Teller sieben. Aus dem Teig etwa nussgroße Bällchen formen, dabei die Handflächen jeweils mit Orangenblütenwasser befeuchten. Die Bällchen im Puderzucker wälzen und mit gebührendem Abstand auf ein mit Backpapier ausgelegtes Blech setzen. Etwa 15–20 Minuten auf mittlerer Schiene backen. Die Ghoriba sollten nicht zu hart werden.

QUELLEN

Ackermann, Ute: *Das Bauhaus isst,* Leipzig 2008

Albújar, Enrique López: Matalaché, o. O 1928

Art Special: 100 Jahre Bauhaus, Hamburg 2019

Asher, Sandy: *The great American peanut book,* o. O 1977

Braun, Maria: *Word Formation and Creolisation – The Case of Early Sranan,* Tübingen 2009

Britton Bauer, Jeni: *Das beste Eis der Welt,* Neustadt/Weinstraße 2012

Caldicott, Carolyn und Chris: *Die Gewürzstraßen der Welt,* München 2002

Carver, George Washington: *How to Grow the Peanut and 105 Ways of Preparing it for Human Consumption,* Tuskegee Institute Experimental Station Bulletin, Nr. 31, Atlanta 1916

De Léry, Jean: *L'Histoire d'un voyage fait en la terre du Brésil, autrement dite Amérique,* London 2017

Elliot, Lawrence: *Der Mann, der überlebte,* Koblenz 1974

Enzensberger, Theresia: *Blaupause,* Berlin, *2017*

Faktisch Food, Köln 2017

Fetscher, Caroline: *Good Grief, Charlie Brown,* „Der Tagesspiegel", 12. Feb. 2010

Henss, Rita: *Safran & Kardamom,* Ostfildern 2009

Kiple, Kenneth F., Ornelas, Kriemhild Coneè (Dir.): *The Cambridge World History of Food,* Cambridge 2000

Owen, Sri: *Die Indonesische Küche,* München 2009

Puig-Tarrats, Esteban: *Breve diccionario folclórico piurano,* Piura 1995/2007

Rowan, Marielle: *Hoje Temos ... receitas de Moçambique,* Maputo 1998

Schuchart, Hugo: *Die Sprache der Sarramakkaneger in Surinam,* Amsterdam 1914

Smith, Andrew F.: *The Illustrious history of the goober pea,* o. O 2002

Toussaint-Samat Maguelonne: *Histoire naturelle et morale de la nourriture,* Paris 1987

Werner, Frauke: *Erdnussgenuss mit dem Bio-Plus,* „Schrot & Korn", Okt. 2012

Weitere Quellen im www

aboutpeanuts.com
chefsimon.com
dear-magazin.de
deutschestextarchiv.de
deutschlandfunkkultur.de
erdnuesse.de
factfish.com
femmeactuelle.fr
foodandtravel.com
info.fairtrade.net
kuechengoetter.de
neatorama.com
news.bbc.co.uk
paprikas.fr
passeportsante.net
piratageculinaire.com
plants.usda.gov
pointer.de
rp-online.de
zentrum-der-gesundheit.de

REZEPTVERZEICHNIS

Afrikanische
Erdnusssuppe 34
Amendoim Doce 50
Gebrannte Erdnüsse 50
Apfel-Gläschen 56
Boh Tai Chanh Banh Mi 37
Thailändisches Sandwich 37
Chiang Mai Curry 47
Erdnuss-Baos 52
Süße Teigtaschen
aus Malaysia 52
Erdnussbutter-Eis mit
Schokostückchen 50
Erdnusscurry 47
Erdnuss-Hafer-Kekse 55
Erdnuss-Kokos-Ghoriba 57
Erdnuss-Punsch 49
Erdnuss-Röllchen 55
Erdnusssauce 31
Erdnusssauce ohne
Kokosmilch 32
Fisch à la Flora 45
Frittierte Eier mit Dukkah 33
Gebratener Fisch mit
Erdnuss-Chili-Reis 46
Indische Gewürznüsse 33
Käse-Erdnuss-Taler 39
Knoblauchkaltschale
à la Bauhaus 34
Kürbispüree 40
Maffé 40
Gemüseeintopf
aus dem Senegal 40
Mangold mit Erdnüssen 41
Matapa 42
Mosambikanischer Spinat 42
Moelleux à la cacahuète 56
Schoko-Erdnuss-Küchlein 56
Möhrensalat mit
Erdnüssen 36
Muffins mit Erdnussbutter
und Karamell 54
Papayasalat 35
Peanut Brittle 51
Erdnusskonfekt 51
Sambischer Spinat 38
Sautierte Crevetten-
Nudeln 43
Schoko-Erdnussbutter-
Cremetörtchen 52
Seeteufel in Tsire-Hülle 44
Thai-Fischküchlein 36
Thai-Rind mit Erdnüssen 48
Zucchini-Pfanne
mit Räucherlachs 45

DIE AUTORIN

Rita Henss ist Autorin und bekennende Genießerin. Aus ihren Recherchen zwischen Orient und Okzident entstehen klassische Reiseführer, Essay-Sammlungen sowie Bücher mit kulinarischem Schwerpunkt. Bei Mandelbaum schrieb sie mehrere Bände der Kleinen Gourmandisen.

www.ritahenss.de

mandelbaums *kleine gourmandisen*

Jeweils 60 Seiten | Euro 12,– | Gebunden

ARTISCHOCKE
AVOCADO
BASILIKUM
BIRNE
ERDNUSS
FEIGE
FENCHEL
GRANATAPFEL
HOLUNDER
JOHANNISBEERE
KAKAO
MANDEL
MARONE ESSKASTANIE
MELANZANE AUBERGINE
MOHN
MORCHEL
PASTINAK
QUITTE
RHABARBER
ROTE RÜBE ROTE BETE
SAFRAN
SALBEI
SELLERIE
SPARGEL
STEINPILZ
VANILLE
WALNUSS
WEICHSEL SAUERKIRSCHE
ZIMT
ZITRONE
ZWIEBEL